人生で一番知りたかったこと

ビッグクロスの時代へ

高橋佳子

Keiko Takahashi

三宝出版

人生で一番知りたかったこと

ビッグクロスの時代へ

目次

はじめに 14

1
なぜ、ビッグクロスの時代なのか？ 19
あなたの拠り所は何か。現代社会を生きる私たちに投げかけられているのは、何よりも「中心」を取り戻すということである。

2
運命という見方を持っているか？ 27
運命——一人ひとりの命を運び、人生を支配する抗い難い力。その力は一体どこからやって来るのだろうか。運命という見方を持ったとき、見えてくるものとは……。

3
運命は変えられるのか？ 36
人生を支配する運命の力に対して、人間は果たして無力なのだろうか。「こうだったから、こうなってしまった人生」から「こうだったからこそ、こうなれた人生」への道がある。

4
人生の重荷とどう向き合うか？ 42
貧しい生まれ育ち、思い出したくない過去、理不尽な現実。動かし難い重荷をどうすればいいのか。重過ぎる過去との向き合い方とは……。

5 なぜこの成功か、この失敗か？ 50
大切なことは、成功であれ、失敗であれ、その事態から、私たちが一体何を「呼びかけ」として受けとめ、それに応えてどう生きるかということである。

6 こんな自分にも生きる意味があるのか？ 58
自分を愛するとは、自分のかけがえのなさを信じるということ。宇宙広しと言えども、あなたという存在はただ一人である。

7 苦しくても生きなければならないのか？ 63
人生には「これなら、死んだ方がまし」と思うほど苦しいときがある。そのときこそ、目を開かなければならない真実がある。

8 病の宣告をどう受けとめればよいのか？ 71
不治の病を宣告されたら、あなたはどうするか。不安に呑み込まれることなく、絶望を乗り越えることができるか……。

9
孤独と不安から人は自由になれるのか？ 77
誰もが孤独と不安を抱えて生きている。しかし私たちは、その孤独と不安の痛みを通して、一切につながるいのちの絆を実感することができる。

10
出会いは偶然か？ 83
人生に恵まれる無数の出会い。その出会いの一つ一つが実は偶然ではなく、見えざる必然によって導かれているとしたら……。

11
本当の自分はどこにあるのか？ 89
今の自分が本当の自分ではない、どこかに本当の自分がいるはずだ……。誰もがそんな想いを持っている。本音でも建前でもない本心を探すことによって辿り着く本当の自分。

12
人間の可能性とはどういうものか？ 93
誰もが内にかけがえのない可能性を秘めている。しかし、その可能性とは、能力を拡大するものだけではない。人間にとって真の可能性を開いてゆく道とは……。

13
人間の自由とはどのようなものか？　100
「自由」ほど人間にとって魅力的に響く言葉はない。昔も今も、人は「自由」を求めている。
しかし、本当の「自由」とはどのようなものなのか、私たちは知っているのだろうか。

14
どうすれば自分を変えることができるか？　107
変わりたいという願いをどうしたら実現できるのか。
そのためにはまず自分自身の受発色の傾向を知らなければならない。
そして何よりも大切なのは、変わりたいと思う切実な意志である。

15
二十世紀は何を見失ってきたか？　117
飛躍的な発展を遂げた二十世紀。しかし、その時代が見失ったものがある。
ポジの次元を偏重するあまりネガの次元を顧みなかった時代だった。

16
二十一世紀に必要なものは一体何か？　123
私たちは、新しい時代二十一世紀をどう生きようとしているのか。
そしてこの新しい時代に求められていることは何なのか。
それは決して揺らぐことのない次元、ビッグクロスの次元である。

17
科学は絶対か？ 130
科学は万能ではない。なぜなら、どれほど豊かな未来を切り開こうと、科学には答えることのできない問いがあるからである。科学と宗教は人間を支える両輪と言えるだろう。

18
ビッグクロスとは何か？ 135
新しい時代を生きるために、不可欠なビッグクロスの次元。しかし、ビッグクロスとは一体どのようなものなのか。ビッグクロスに根ざすとは、一体何を指すのだろうか。

19
ビッグクロス体験を知っているか？ 143
人は誰も、自分を超える大いなる存在とつながり、永遠の次元を抱いている。そしてその経験をそれとは気づかずに持ってきたのだ。ビッグクロスは、誰の中にもある中心である。

20
永遠の生命を生きるとは？ 149
ビッグクロスの第二の絆、「永遠の絆」を結んで生きるとはどのようなことか。

21
人生の目的とはどのようなものか？ 156
誰の中にも、その人が永遠の魂として抱いてきた願いと、それを妨げ壊すカルマが存在する。

その願いの成就と、カルマの超克こそ、人生の目的である。

22
若さをどう生きるか？ 161
青年は未来そのものである。一人ひとりの魂には、すでに行くべき未来が刻まれている。

受発色の鍛錬によって、あなたが世界を創ってゆくのだ。

23
中高年をどう生きるか？ 167
年経るほどに重くなる人生——。いつとは知れず、外から絶え間なく降りかかる
要請に応えることで時は過ぎてはいないだろうか。
今呼びかけられていることは、「アウトサイド・インの人生」から「インサイド・アウトの人生」へ。

24
老いをどう生きるか？ 175
老いは玄冬の季節とも言われる厳しい時代である。

しかし同時に、他の季節にはない深く豊かな喜びを与えてくれる季節でもある。

その老いの季節を私たちはどう受けとめ、どう生きることができるのだろうか。

25

人間は死んだらどうなるか？ 181

幼い頃から誰もが一度は抱いた疑問。人は死んだらどうなるのか。あなたは「死」に対する問いを忘れてはいないか。永遠の生命として、「死」を見つめるとき、私たちの「生」が見えてくる。

26

死は永遠の別れなのか？ 188

「死は永遠の別れ」と言われる。けれども本当にそうなのか。人は「死者」と共に生きることもできる。亡くなった方とのつながりをより深くする生き方がある。

27

宗教について考えたことがあるだろうか？ 195

宗教の必要性が説かれながら、懸念も根強く人々の心を覆っている。深い宗教性とは無縁に現実の人生を送っている人も少なくない。では、私たちにとって宗教とは本当に必要のないものなのだろうか。

28

逆境・失意のときをどう受けとめるか？ 203

誰にもうまくゆかないときはある。誰にも失意のときはある。けれども、それをどう受けとめるか。それが未来を創る。

29
人間の成長とはどういうものか？ 209
肉体の成長は二十歳を過ぎるとほぼ飽和に達する。
しかし、人の生き方の成長は、生涯続いてゆく。
限りない人間の成長の核心とは、受発色の成長にほかならない。

30
順境なら問題ないか？ 216
何事も手放しでよいということはない。取り立てて問題のない順境のときでも、
何か受けとめるべきことがあるのではないだろうか。今だからできることがあるのだ。

31
本当の発展とは何か？ 220
私たちが目指すべきものとは一体何なのか。目に見える形や規模、数字や形だけに
現れるものではないのではないか。結果としての数字は何によってもたらされるのか。

32
後悔はしない方がよいか？ 228
悔いのないように生きたい——。誰もがそんな生き方を望んでいる。
しかし、後悔すべきことのない人生など本当にあるのだろうか。
後悔はあってはならないものなのだろうか。

33 問題が起こったときどうするか？ 233

予期せぬ障害が生じるのがこの世界。大切なのは、ではそのとき、どうするかということ。問題を本当に解決するためには、自分がその中心にいなければならない。

34 祈りは本当に通じるか？ 242

絶望の先に祈りは立ち上る。現代人の生活は祈りからますます遠くなった。忘れ去られた「祈り」はもう必要ではないのか。

35 神は信じられないか？ 249

神を信じるには勇気がいる時代。しかし、大いなる存在を信じられなければニヒリズム（虚無感）を抱えざるを得ない。本当に神は信じられないのか。神がいるのなら、なぜ、混乱のままの世界なのか。

36 本当の主導権とは？ 256

「主導権を持つ」ことは、ただ影響力を高めたり、自分の思い通りに事を進められることではない。本当の主導権とは、一切の責任を自分に吸い込むということである。

37
子どもたちとどう関わるか？ 261
子どもたちは可能性を抱いた魂の存在。信じるからこそ、厳しく関わることもできる。そして大人たち自身が懸命に生きること……。

38
新しい夫婦関係をどうつくるか？ 266
結婚は、異なる「人生の条件」という深い溝を最初から抱えている。その深い溝を超えて二人を結びつけるのは、二つの愛情、そして尊厳を認め合う心である。

39
人間関係の秘訣はあるか？ 271
人は誰も人との関わりなしに生きることはできない。最も大きな喜びを与え、最も大きな苦しみをもたらすのも人間関係である。その関わりに秘訣はあるのか。

40
天職とは何か？ 277
天職というものがあることを誰もが知っている。しかし、自分には縁のないものと思っていないだろうか。そうではない。私たちの誰にも、天職が待っているのだ。

＊《付録》自己診断チャート――あなたの「受発色の回路」を知るために 282

はじめに

◎生きることとは問うことだった

人は誰《だれ》もが「人生の問い」を抱《いだ》いて生きています。

あなたは、独《ひと》り道を歩きながら空を見つめて「どうしたらいいんだろう?」とつぶやいたことはありませんか。誰もいない部屋の中で、「なぜ?」「どうして?」と問いかけたことはありませんか。答えてくれる人がいないと分かっていても誰かに向かって問わずにはいられない、そんな時をあなたは噛《か》みしめたことはないでしょうか。

誰もが人生の岐路《きろ》で、曲がり角で、その谷間で幾度《いくど》となく発してきた疑問、そして問いかけ——。進学先に迷《まよ》うとき、就職を考えるとき、結婚を決心するとき……、私たちは自《みずか》らの生き方を振り返り、一体どうしたらよいのか、この考えで大丈夫《だいじょうぶ》かと自らに問いかけます。それぱかりではありません。家庭の中でどうしても居場所《いばしょ》が見つからないとき、友人を求めながらも得られずに悩むとき、職場の人間関係に疲れるとき、自分の本当にやりたいことが見つからないとき、「何のために」「なぜ」「どうしたら」……と、何度となくつぶやいてきたでしょう。

私自身、多くの疑問と問いかけを自分自身に向かって投げかけてきました。そしてそれに応《こた》えようと歩む中で、今ある私になってきたのだと感じます。それは誰もが同じなのではないでしょうか。

幼い子どもたちにとって、世界は見るもの聞くものすべてが新鮮《しんせん》な驚《おどろ》きです。人は皆、疑問とともに、成長してゆきます。自ら問いかけ、答えを探し、そして再び問いかける……。あなたも、驚きと発見に満ちた子ども時代から、人生の様々な場面で、無数の疑問や問いかけを投げかけてきたのではないでしょうか。家族に向かって、親しい人たちに向かって、そして自分の心に向かって——。今はもう、その多くを忘却《ぼうきゃく》の彼方《かなた》に置き忘れていたとしても、それらの問いとともに、あなたは人生を歩み、あなた自身になってきた。そして、これからもその問いかけに応えることを通じて、あなたが生きてゆくことは間違《まちが》いないことだと思います。

◎人生で一番知りたかったこと

私たちは自分で気づこうと気づくまいと、ずっと知りたかったのです。自分が何者であるのかを知りたかった。自分がどこから来てどこへ行くのかを知りたかった。自分が何のために生まれ、何のために生きているのかを知りたかった。今自分は何をしなければならないのかを知りたかった。自分がどう生きてゆけばよいのかを知りたかった……。

つまり、あらゆる疑問も問いかけも、実は私たちが「生きる」一つの場所に収斂《しゅうれん》してゆくものでした。私たちが、様々な問いかけを通じて、ずっと探《さが》してきた場所、そしてこれからも探し続けてゆく場所――。

それを私は「ビッグクロス」という言葉で表そうと思います。ビッグクロスとは、私たち一人ひとりの存在の根拠《こんきょ》、私たちが生きている世界の根本。ビッグクロスとは、大いなる十字《じゅうじ》、いのちの大十字《だいじゅうじ》という意味です。十字は、私たち一人ひとりの存在を世界と結びつけている縦横《たてよこ》の絆《きずな》。一つは「大いなる存在との縦の絆」であり、今一つは「永遠の生命につながる横の絆」のことです。

私たちがかつて放ってきた無数の質問の先に、そして無数の疑問の源《みなもと》に、ビッグクロスの次元があります。誰もが、このビッグクロスを抱く自分と世界を知りたかったのです。

◎ビッグクロスの次元へ

一人ひとりの人間の存在は、小さなものです。世界に対して無力《むりょく》で、たくさんの未熟《みじゅく》も抱《かか》えています。人はこの世界に浮遊《ふゆう》し、時代社会の波間《なみま》に揺《ゆ》れ動く存在のようにも思えます。けれども、人間は、その根《ね》の次元で世界そのものと深く結びついて生かされ、永遠の時の流れと一体になっているのです。それが私たちの存在のあるがままの事実であり、私たちが思い出していなければならないことではないでしょうか。

本書は、四十の問いかけを手がかりとして、私たち自身が抱くビッグクロスの次元を尋《たず》ねようとするものです。もう一度、かつて誰もが眼を輝《かがや》かせた時代の、世界と人生に対する驚きと発見を取り戻《もど》し、その魂《たましい》の行脚《あんぎゃ》を進める試《こころ》みを始めたいと思います。

これまで、多くの方々との出会いを通して、私は様々な問いを投げかけられてきました。それはそれぞれの方が抱えている切迫《せっぱく》した事態であり、困惑《こんわく》をもたらす問題であり、苦悩《くのう》であり、悲しみでした。ある方は長年にわたる家族の断絶《だんぜつ》に途方《とほう》に暮《く》れ、再び心を通わせる道はあるのかと尋ねてこられました。ある方は経営する会社の危機に直面し、自らの取るべき最善《さいぜん》の選択を苦渋《くじゅう》とともに探していらっしゃいました。またある方は、病《やまい》の宣告《せんこく》を受けて絶望《ぜつぼう》の淵《ふち》に沈みかけながら、それでも希望はあるのかと問われていました。

その問いを受けとめながら、私はそれらの問いかけが、皆その背後《はいご》にあるビッグクロスの次元へ、そのお一人お一人を強く誘《いざな》っていることを感じてきました。その疑問は、あなたがもっと深い次元に根ざし、もっと広い地平《ちへい》に生きる者であることを知らせている――。その疑問は、あなたが今新たな深化《しんか》を経験し、成長《せいちょう》することを促《うなが》している――。

その感覚は揺るぎない私の確信となっています。なぜなら、私自身が自ら発《はっ》した問いにそのように導《みちび》かれて人生を歩んできたからです。

人生の途上《とじょう》で、自ら発することになる問いかけに、ぜひ真摯《しんし》に向かい合っていただきたいのです。それは、あなたにとって、真実の発見と世界の中心にあるビッグクロスへの魂の旅を促す誘いにほかなりません。

二〇〇三年三月

高橋佳子

1　なぜ、ビッグクロスの時代なのか？

あなたの拠《よ》り所は何か。現代社会を生きる私たちに投げかけられているのは、何よりも「中心」を取り戻《もど》すということである。

◎あなたの拠り所は何か

「あなたは今、何を拠り所にして生きているか」

この問いに明快《めいかい》に答えられる人はごく限られているのではないでしょうか。特別な信条《しんじょう》を抱《いだ》いているという人以外は、拠り所など、これまでほとんど意識せずにやってきたというのが多くの人の実感に違いありません。それは、それだけ社会が安定し、順調に発展してきた証《あかし》だと言えそうです。

けれども今は違います。そのことを真剣《しんけん》に考えなければならない時だと思うのです。なぜなら、生きるための拠り所を今ほど必要としている時代はないと思えるからです。

昨今の世情《せじょう》が訴《うった》えていることは、かつてのような安定した社会はもう存在しないということではないでしょうか。戦争や環境破壊といった問題だけではありません。毎日の新聞紙上やニュース映像を賑《にぎ》わす事件の中には、少し前までは、まったく考えられなかったものが少なくない。弱い者への過剰《かじょう》ないじめ、人を殺傷《さっしょう》することへの興味から起こってしまう恐ろしい犯罪。人間の中にこれまで存在していたはずの道徳観や善悪感は雲散霧消《うんさんむしょう》してしまったかのようです。

成長が右肩上がりの時代には、漠然《ばくぜん》とでも未来に希望を託《たく》して生きてゆくことができたのに、今や未来の輝《かがや》きは色褪《いろあ》せ、先行きの見えない不安が増大《ぞうだい》しています。これまで確かだと思ってきた大手銀行や有名百貨店など大企業が次々に経営に行き詰《づ》まり、公的《こうてき》資金が導入《どうにゅう》されたり、経営統合《とうごう》によってしか生き延《の》びることができなくなっています。長引く不《ふ》況《きょう》の中で、これまで社会の前提《ぜんてい》であり常識でもあった終身《しゅうしん》雇用《こよう》制《せい》や年功序列《ねんこうじょれつ》の仕組みが崩《ほう》壊《かい》——。人生と仕事を一つに捉《とら》え、収入を得る手段という以上に会社に忠誠《ちゅうせい》を尽《つ》くしてきても、いつ放り出されるか分からない。会社という共同体が一人ひとりを守れるほどの力も持てなくなり、そこに本当の意味で根ざすことはもうできません。

身の周《まわ》りのことを考えてみても、家族という確かだったはずの絆《きずな》は、保《たも》つことが最も難《むずか》しいものの一つとなっています。夫婦が最後まで連れ添《そ》うことは当たり前ではなくなり、子どもたちの問題で苦しむ家族は驚《おどろ》くほど多いのが現実です。

社会の変貌《へんぼう》というような言葉では到底《とうてい》表せない変化です。一つの安定した秩序《ちつじょ》を提供する社会という枠組《わくぐ》み自体が崩《くず》れ去ってしまったということなのではないでしょうか。私たちの生活は、何があってもおかしくはない現実にさらされているということでしょう。

そして、だからこそ、私たちは、このむき出しの荒野のような世界を生きる支えを、拠り所を必要とするのです。

その拠り所こそ、本書のテーマであるビッグクロスであると私は思います。ビッグクロスこそ、たとえ時代がどのように揺《ゆ》れ動こうと、社会の仕組みがどれほど瓦解《がかい》しようと、決して壊《こわ》れることなく、揺れ動くことなく、私たちを支えてくれる中心であり、支柱《しちゅう》にほかならないからです。

◎ビッグクロス――生かされるという感覚

ビッグクロスの次元を生きる、ビッグクロスを拠り所として生きるということは、何よりも、本当の意味で「人間としての全体を生きる」ということです。

例えば、多くの人にとって分かり切っているはずの「生きる」ということを考えてみましょう。私たちは自分の人生を自分の意志で生きていると思っています。しかし、「生きる」ことの全体から見れば、実はそれは部分でしかありません。私たちは人間が「生かされている」事実に目を開かなければならないのです。本当に生きるということは「生きる」と「生かされる」の両方があって初めて成《な》り立つからです。

私たちが自然にしている呼吸一つ考えてみても、空気がなければそれは叶《かな》いません。地球に降《ふ》り注《そそ》ぐ太陽の光がなければ酸素《さんそ》は生まれず、私たちが摂取《せっしゅ》する水や食物も不可欠《ふかけつ》のものです。それらはどれ一つとして人間がゼロからつくり出したものではありません。たとえ無自覚《むじかく》であったとしても、私たちは、生かされて初めて生きることができる。そして、この「生かされている」という感覚は、私たちを生かし育んでいる人間を超えた存在があるという感覚であり、それこそビッグクロスからもたらされるものなのです。

その感覚をどう表現すればよいのでしょうか。人間を超えた大いなる存在とは、人間がこれまで神あるいは神仏と呼んできた存在であり、宇宙そのものとも言えるものです。私たちの身体《からだ》の細胞といった極微《きょくび》から、私たちを包み私たちの存在を遙《はる》かに超える大宇宙の極大《きょくだい》に至るまで、すべてを緻密《ちみつ》に生かしている大いなる知性と力《エネルギー》です。「生かされている」

という感覚は、自分とそのエネルギーが確かにつながっている感覚。つまり、これがビッグクロスの縦《たて》の絆の感覚です。その絆を確かにするとき、私たちは、宇宙から切り離された孤独な一人ではなく、宇宙と一体であることが分かるのです。それは言葉にならない重心と、力強さをもたらすでしょう。

◎ビッグクロス――「死もまた生」という感覚

そして、ビッグクロスを拠り所として生きるということには、もう一つの絆の感覚があります。それは、私たちが普段当然のように切り離し対立させて考えている「生」と「死」を一つに生きる感覚です。多くの方は、その一方だけの「生」を生きることだと思っています。しかし、生まれたら必ず死してゆかなければならない定《さだ》めが厳然《げんぜん》としてある――。とするならば、この生と死を含《ふく》めて、初めて本当に生きるということではないでしょうか。

人は誕生の門をくぐることによって生まれます。少年期、青年期、壮年期、そして実年期に差しかかり、老年期を生きてやがては死の門をくぐることになります。普通はそれまでが人間が生きることだと考えてきたわけです。しかし、死の門をくぐって後、誕生の門に至るまでもう一つの生きる道が実は敷《し》かれています。仏教的な世界観に、「この世」に対して「あの世」があるように、現象界《げんしょうかい》の生だけではなく、人が肉体を去った後に魂《たましい》として生きる世界、実在界《じつざいかい》において生きる道が存在しているということです（一五〇頁参照）。つまり、私たちは限られた時間だけ存在しているのではなく、永遠の時の流れと一体なのです。

この生と死を一つに生きる感覚もまた、人間を全体として生きさせるものです。そして、それがビッグクロスのもう一つの横の絆の感覚であり、永遠の生命としての感覚です。「死」に対してさえ、ニヒリズム（虚無感《きょむかん》）に陥《おちい》らず、新たな生として受けとめることのできるこの感覚を持つとき、人生を生きる私たちの重心はより深く、私たちの中心軸はより揺《ゆ》るぎないものになるはずです。

◎中心を取り戻す

二つの絆、二つの感覚を与えるビッグクロス——。私たちは、このビッグクロスの次元に根ざして——ビッグクロスを日々心に刻《きざ》んで——自らの中心を取り戻さなければなりません。自分は何者であり、何のために、どこに向かって生きているのか、それに応《こた》える中心を自らのものとしなければなりません。現代を生きる私たち一人ひとりに投げかけられているとことは、何よりも、この、「中心を取り戻す」ということではないでしょうか。それは長《なが》らく人間が見失ってきた感覚です。

スペインの映像作家として知られるヴィクトル・エリセ監督のドキュメンタリー映画『マルメロの陽光《ようこう》』に実に印象的なシーンがあります。

それは、映画の後半、画家アントニオ・ロペスのもとを訪れたある中国人の女性画家が、彼がスケッチを続ける傍《そば》で質問を投げかける場面です。彼女はキャンバスの中央にマルメロの樹が描かれているロペスの絵の構図が極《きわ》めて独自であると語ります。するとロペスは、自分はシンメトリー（左右対称《たいしょう》）が生む秩序《ちつじょ》が好きで、描くべき対象を中心に置くのだと答え、彼女がさらに「多くの画家は対象を中心に置かない。ふつうは嫌《いや》がられるから」と言うと、静かにけれども確信をもってこう語るのです。

「でも、樹が中心にあることによって、その樹は存在感と威厳《いげん》を獲得《かくとく》します。……樹を中心に置くことによって、空間の美学的ゲームとは無縁《むえん》になります。中央に樹が存在することによって、シンメトリーによる秩序を得るのです」

美術を少し学んだ方なら、対象を画面の中央に置く構図は稚拙《ちせつ》なものとされてきたことはお分かりでしょう。けれども、描くべき対象を中心に置くことによって、絵は、あらゆる美学的な価値基準や手法から自由になって、すなわち、人間の様々な計《はか》らいの次元から自由になって揺《ゆ》るぎない存在の秩序を生み出すことになる――。私はそう受けとめました。

私たちが描くべき私たち自身の絵画――私たちの人生、私たちの生き方も同じだと思うのです。

私たちは、人生において最も大切なこと、最も重要なことを中心にすべきです。存在の根本の要請《ようせい》に応えるべきです。そのようにして中心を取り戻すべきです。

そのとき、私たちは人間としての復興《ふっこう》を始めます。私たちが生きる時間は、不動の意味を体現《たいげん》することになります。私たち自身が、人生についてのあらゆる見解《けんかい》、数々の価値観や様々な現代の風潮《ふうちょう》や流行から自由になって、揺るぎなさを獲得するのです。そしてそのとき、私たちが生きる世界も復興への歩みを始めることになります。

その求めるべき中心こそ、ビッグクロスの次元――大いなる存在との絆、そして永遠の絆であると私は信じています。

2 運命という見方を持っているか？

運命——一人ひとりの命《いのち》を運《はこ》び、人生を支配する抗《あらが》い難《がた》い力。その力は一体どこからやって来るのだろうか。運命という見方を持ったとき、見えてくるものとは……。

◎運命の力

「運命」という言葉から、あなたはどのようなイメージを思い浮かべるでしょうか。あの有名なベートーヴェン（一七七〇〜一八二七）の交響曲《こうきょうきょく》第五番『運命』の冒頭《ぼうとう》のフレーズが心の中で響《ひび》く方もあるかもしれません。ベートーヴェン自身、この曲の冒頭の意味を弟子に尋《たず》ねられたとき、「運命はかく戸を叩《たた》く」と語ったと言い伝えられており、そこから『運命』という別名が使われるようになったのです。まさに、この曲がイメージさせるように、運命とは、どこからともなく人生に襲《おそ》ってくる抗い難い力であり、人間にはどうすることもできない不可避《ふかひ》の定《さだ》めであるといった重く暗い印象を持つ方も少なくはないでしょう。「運命」とは、もともと命を運ぶ力、人間の意志で変えることのできない神秘《しんぴ》的《てき》な力のことを指《さ》します。その運命は人間にどのような力を及ぼすのか、ペルシャの寓話《ぐうわ》には、次のような話があります。

一人のペルシャ人が、あるとき召使《めしつか》いを連れて屋敷《やしき》の庭を散歩《さんぽ》していました。すると突然、召使いが泣き出したのです。聞くと彼は青い顔をして、たった今「死神《しにがみ》」に出くわしてひどく脅《おど》かされたのだと言いました。召使いは、「一番速い馬を与えて下さい」とすがるようにして主人に頼《たの》み込みました。主人は召使いに馬を与え、召使いは一目散《いちもくさん》にテヘランへ駆《か》けてゆきました。彼が去った後、館《やかた》に入ろうとすると、今度は主人が「死神」に出会います。そこで彼は「死神」に向かって、「あんたはなぜうちの召使いを驚《おどろ》かしたのだ、恐がらせたのだ」と言いました。すると「死神」はこう言ったというのです。

「とんでもない。驚いたのは、こちらの方だ。あの男と今頃こんなところで会うなんて」

「何だって？」

「実は、わしは今夜、彼とテヘランで会うことになっているんだ」――。

召使いは、運命の予告としての「死神」と出会い、驚いて、一目散に逃げたのですが、その先のテヘランこそ、「死神」と邂逅《かいこう》する予定の場所だったわけです。

この話を読んで、私はフランスの詩人ラ・フォンテーヌの言葉を思い出しました。「人は、運命を避《さ》けようとしてとった道で、しばしば運命に出会う」というものです。たとえ運命から逃《のが》れようとしても、逃れようとすること自体が、もっと大きな運命の下に置かれていて、人は結局その運命の力から逃れることはできない──。そのような、人間を遙《はる》かに超えた運命の力を、人は昔から意識し続けてきたように思います。

しかしまた、その一方で人間はその運命の力と闘《たたか》い、何とかその力から逃れようとしてきました。

そして、科学が進歩し、人間の力が拡大《かくだい》した今日、私たち人間は、いくらかは運命の力の束縛《そくばく》を解くことができたと感じているかもしれません。

目覚ましい医療技術の進歩により、かつて救えなかった患者を延命《えんめい》できるようになり、遺伝子《いでんし》の研究によって、男女の産み分けや障害《しょうがい》の有無《うむ》の判定《はんてい》、クローン生物の誕生《たんじょう》が可能になるなど、人間の自由意志を行使《こうし》できる範囲《はんい》が広がっています。わが国では社会的にも、士農工商《しのうこうしょう》などといった身分制度もなくなり、男女による差別も昔に比べれば極《きわ》めて少なくなりました。職業の選択《せんたく》においても、その幅《はば》が広がり、自分の生まれた土地に縛《しば》られることもなく、世界中の様々な国にも住むことができるようになりました。

しかし、本当に人間は運命の呪縛《じゅばく》から逃れることができるようになったのでしょうか。

例えば、生まれた時代、国、地域、そして両親、家族の存在を私たちは自分の意志で選ぶこともできなかったはずです。それだけではありません。生涯の伴侶《はんりょ》となる相手との出会い、何十年も一緒《いっしょ》に仕事をすることになった友人との出会い、人生の時間の大半を費《つい》やすことになった職業の選択……。そのような人生の分水嶺《ぶんすいれい》とも言うべき重要な転機となった出会いや出来事の選択は、どのようなものだったのでしょうか。

◎運命として流れ込んでいる三つの「ち」

仮にあなたがコンピューターの技師《ぎし》という職業に携《たずさ》わっているとしましょう。この選択は、まず、生まれた時代の教育や価値観と無関係ではないはずです。江戸時代、あるいは戦前に生まれていたなら、そのような職業を選ぶこと自体あり得ませんでした。戦前なら、軍人になることに憧《あこが》れたかもしれません。現代に生まれたという運命が、もうすでにあなたの職業の選択に影響《えいきょう》を与えているということです。

また、幼い頃、両親からいつも聞かされていたことが影響したかもしれません。父親が技術者で、家でも頻繁《ひんぱん》に仕事に関する会話が飛《と》び交《か》い、それを聞かされるような環境で育ったために、自然にその道を志向《しこう》してしまうという場合もあるでしょう。あるいは、その就職を考える頃、ちょうど学校で机《つくえ》を並《なら》べていた友人の影響を受ける場合もあります。

人間は生まれたなら、誰《だれ》もがその両親や育った環境から、土地から、時代から押し寄せてくる流れの中に投げ込まれます。それは誰一人免《まぬが》れることのできない人間としての定《さだ》めのようなものだと言えるでしょう。私はそれを三つの「ち（血、地、知）」と呼んできました。

まず、「血」とは、先祖や両親から流れてきた血統《けっとう》であり、肉体的条件だけでなく、もののの見方や考え方、価値観、信念や情動《じょうどう》も含《ふく》みます。例えば、両親の願望や恨《うら》みなど、それらに自《みずか》らを同一化《どういっか》させるか、あるいは反発して生きてゆくか、そのいずれにしても多大な影響を受けるのが、この「血」の流れということになります。

そして、「地」とは、私たちが生まれた土地の習慣や風習《ふうしゅう》、風土などです。それには、私たちが仕事をしている業界《ぎょうかい》のものの見方や価値観も含まれます。ある国に生まれることによって特定の国に対して持ってしまう偏見《へんけん》などもそうです。

最後の「知」とは、時代から流れ込んでくる知識、情報、価値観です。例えば、世代が移り変わればまったく価値観が変わり、子どもが憧れる職業も幸せの指標《しひょう》も時代とともに大きく変化してゆくわけです。

人生における一つ一つの選択に、これらの三つの「ち」が多大な影響を及ぼすことになります。

自分の意志で選んだつもりでも、いつの間にか、両親の果たせぬ夢を実現しようとしていたり、逆に両親への反発を生きるという形で影響を受けていたり、土地や時代から植《う》え付けられた価値観が大きく判断に影響しているといったことは珍《めずら》しいことではないでしょう。

突き詰《つ》めて考えるなら、私たちの判断・行動はすべて、この三つの「ち」の流れに呑《の》まれてしまっていると言えるほどです。それゆえ、私は三つの「ち」が与える運命は、もともと命に宿《やど》っているものという意味で、「宿命《しゅくめい》」にほかならないと考えるのです。

ある両親の下に生まれたこと、ある土地で育ったこと、ある時代に生を享《う》けたこと自体によって、すでに人生の方向性が決定づけられてしまっているということです。人生で行うあらゆる選択や判断には、個人の意志を超えた「運命」の力が多大にはたらいているのが実態《じったい》です。エジソンが、あのように千を超える発明を行ってゆくには、小学校で落ちこぼれていたエジソンに、その可能性を信じて自ら教育を施《ほどこ》すような母親の下に生まれたこ

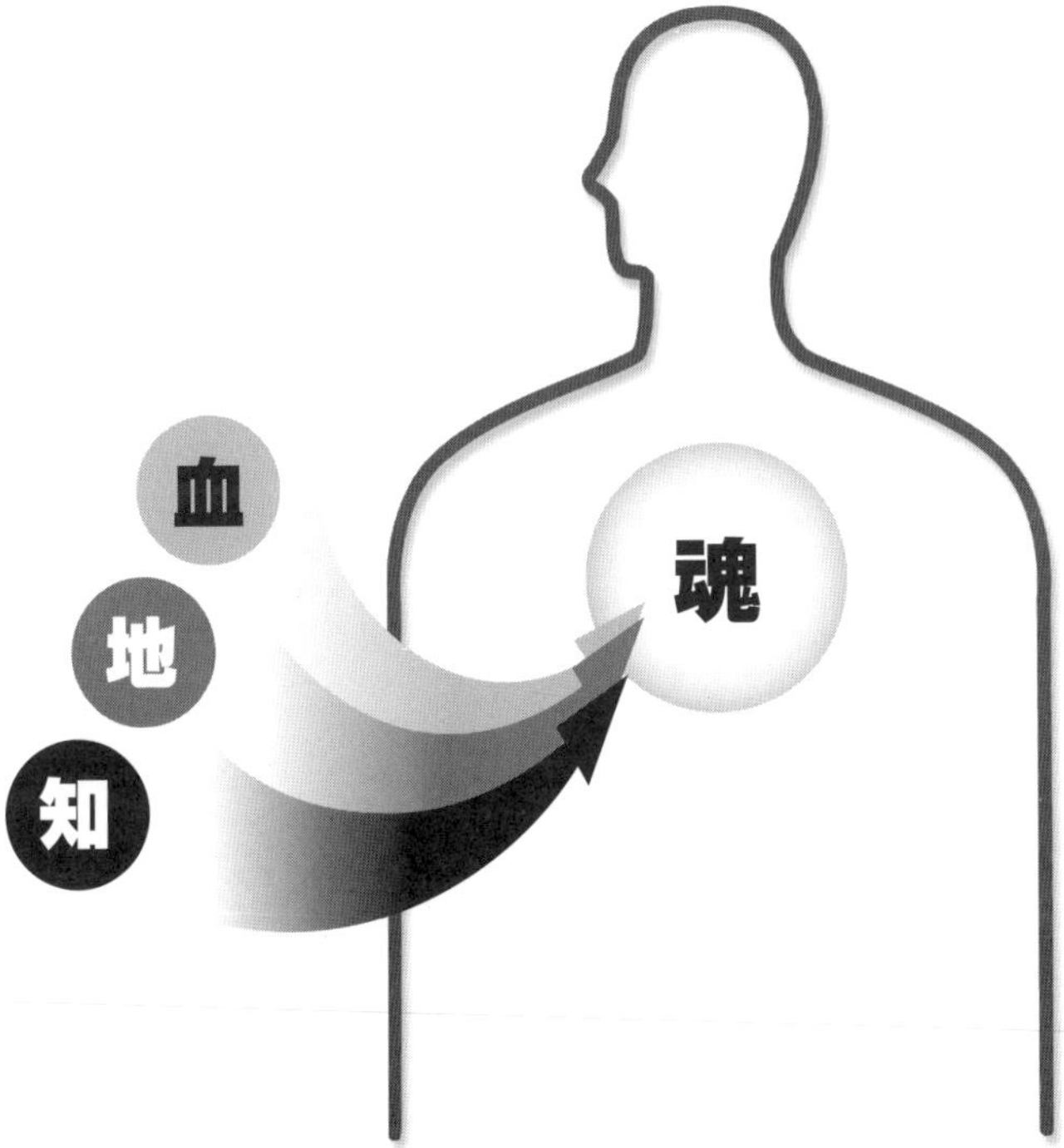

血：血筋――両親、血統、家系、先祖
地：地域――土地の風習、慣習
知：知識――時代の知識、情報、価値観

三つの「ち」

とが決定的でした。またベートーヴェンやモーツァルト（一七五六〜九一）の音楽的才能も、音楽家であった父親の教育と鍛錬《たんれん》なくしてその開花は難《むずか》しかったかもしれません。

人間とは、誰もが例外なく、そのように「運命」という自分ではどうすることもできない怒濤《どとう》のような流れを背負って人生を歩んでいる存在です。

◎生かされている人間

運命という力――。確かにそれは束縛《そくばく》と言えます。しかし同時に、それは、人間が何か自分を超えた、計《はか》り知れない大きな力に「生かされている」存在であることを示しているのではないでしょうか。

自分の力だけで「生きている」のなら、自分がもっと生きたいと願えば生きられるはずです。しかし、それはできません。どんなに生きたいと思っても、これ以上生きられない時が来ます。周りも、本人すらも予期しないときに、不意に死が襲《おそ》うことがあります。それが人間の現実です。その現実は、取りも直さず、人間を生かしている力があり、存在があるという証《あかし》ではないでしょうか。

自分の人生にはたらいている運命の力を単に跳《は》ね返そうとする前に、こんな運命は嫌《いや》だと逃げようとする前に、運命という人間を超えた大きな流れをまず感じてみる。自分という存在に生を与え、この命を乗せてどこかへ運ぼうとしている流れ――。その計り知れない力によって生かされている現実に目を開いてみることの大切さを思います。

運命という見方を持つとき、私たちは人生の本当の姿を見出すことができるのです。

3

運命は変えられるのか？

人生を支配する運命の力に対して、人間は果たして無力なのだろうか。「こうだったから、こうなってしまった人生」から「こうだったからこそ、こうなれた人生」への道がある。

◎変えられない運命と変えられる運命がある

運命を変えることはできないのでしょうか。

確かに、「変えられない運命」があります。生まれた場所や時代、両親や兄弟……。生まれたときにはすでに定《さだ》まっていた数々の条件を変えることは私たち人間にはできません。

また、死別《しべつ》という喪失《そうしつ》も人間にはどうすることもできません。妻や夫、両親、子ども、どんなに愛《いと》しい人であったとしても、生き返らせることはできないのが厳粛《げんしゅく》な現実です。病《やまい》や事故によって生じた肉体的な障害《しょうがい》も、治《なお》したり、元《もと》に戻《もど》すことができない場合があります。起きてしまった事実は変えようがないということです。

しかし、人はそうした運命に支配されるだけではありません。運命を変える力も持っている存在です。運命には「変えられる運命」もあるのです。

◎人生の成長の三段階――変わりゆく運命

その根拠は、人間に与えられている自由意志です。与えられた条件をどのように感じ受けとめるか、そして、そこからどのように考え、どう行動するかは、一人ひとりに委《ゆだ》ねられているのです。

多くの方々の人生に触《ふ》れ、また多くの先人《せんじん》たちの人生を見つめてきた結果、私は人生には三つの成長の段階があると考えています。第一段階は「こうだったから、こうなってしまった人生」、第二段階は「こうだったのに、こうなれた人生」、最後は「こうだったからこそ、こうなれた人生」という三つの段階です。

無力《むりょく》な何もできない赤子《あかご》として生まれてくる人間は、まず誰《だれ》もが「こうだったから、こうなってしまった」という状態から人生を始めなければなりません。つまり一段階目は、生まれ育つ中で背負った運命に巻《ま》き込まれざるを得《え》ない段階です。

例えば、三重苦《さんじゅうく》という大変な障害を背負ったヘレン・ケラー（一八八〇～一九六八）の教師《きょうし》として知られているアン・サリヴァン（一八六六〜一九三六）もそうでした。アイルランドの移民《いみん》の子として、貧《まず》しい環境で育ち、弱視《じゃくし》という障害まで背負ったサリヴァンには、その自《みずか》らの運命をどうしても受け入れることができず、荒《すさ》んだ心を抱《かか》えて自暴自棄《じぼうじき》に生きていた少女期がありました。

しかし彼女は、自分以上に不自由を抱えていた人々との出会いや、親身になって関わってくれる教師との出会いの中で、運命に呑《の》まれ修羅《しゅら》のようになっていた心や、卑屈《ひくつ》な心から脱《ぬ》け出してゆきました。逆境《ぎゃっきょう》を跳《は》ね返し、「こうだったのに、こうなれた人生」という第二段階へと人間的成長を遂《と》げていったのです。

さらに、そこでとどまることなく、サリヴァンは厳《きび》しい運命を背負ったからこそ、三重苦という重い障害を背負ったヘレンの中から可能性を引き出す導《みちび》き手となることができたのです。

貧しさ、家族の離散《りさん》、弟との死別《しべつ》、孤独《こどく》、恨《うら》み、そしてプライド……。様々な痛みを身に引き受けて体験してきたからこそ、ヘレンの無軌道《むきどう》な姿を見ても動《どう》ずることなく受けとめることができたのでしょう。ヘレンの苦しみが、わがことのように感じられ、ヘレンの心の奥に閉じ込められてしまっている可能性をそのままにはしておけなかったのです。

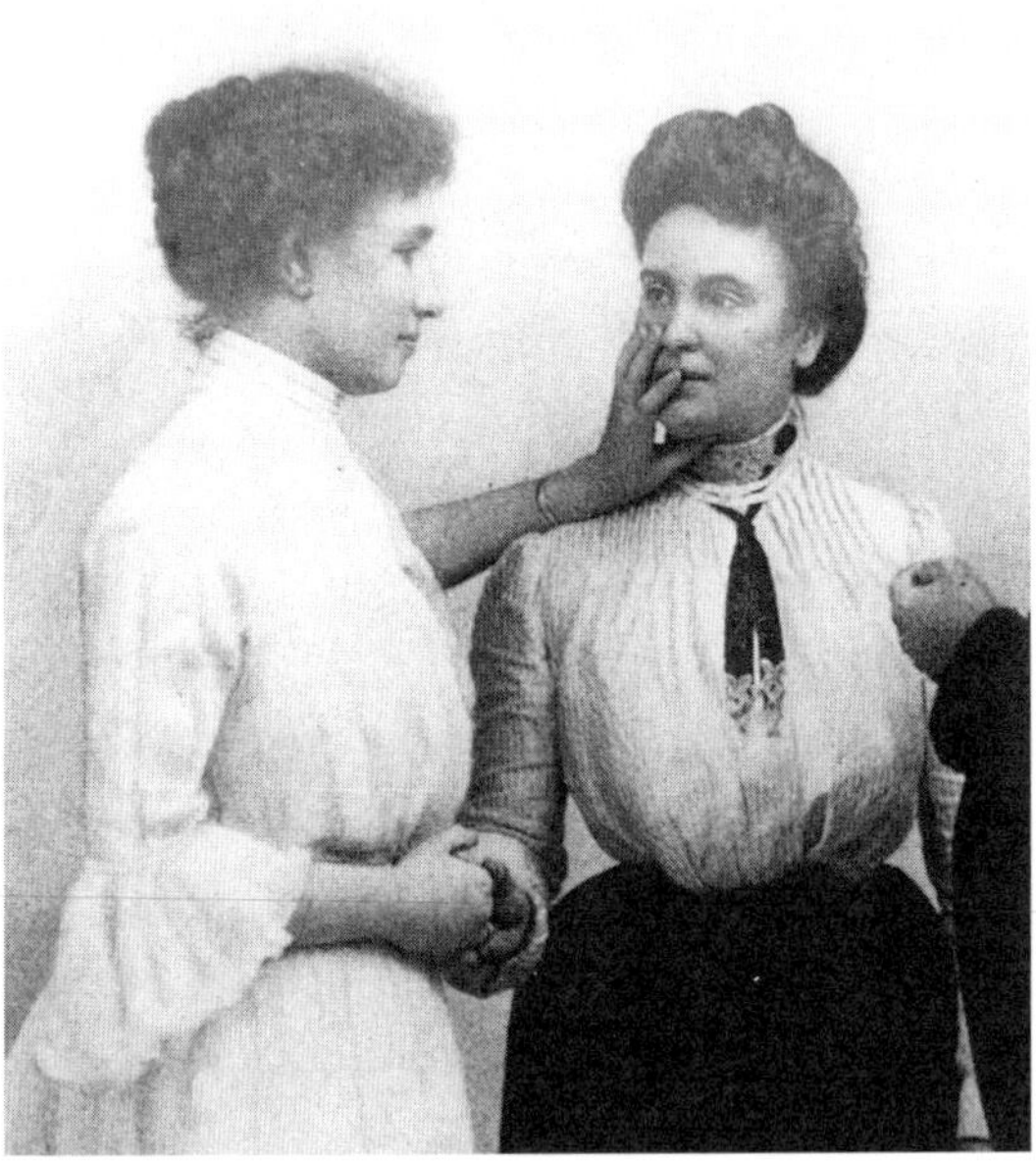

アン・サリヴァン（右）とヘレン・ケラー（左）

サリヴァンは、誰も手がつけられないほどに荒《あ》れてしまっているヘレンの姿にかつての自分を見出し、それでも、自分がそうであったように、誰かが本当に関われればその内に秘《ひ》められた可能性を引き出すことができる——そう確信し、果敢《かかん》にもその困難に挑戦してゆきました。成長の三段階目の「こうだったからこそ、こうなれた人生」へと歩みを進めたのです。

サリヴァンは、弱視という肉体に背負った条件を変えることはできませんでしたが、その条件を受けとめる心を成長させることにより、見事《みごと》に自らの運命を変えてゆきました。

◎宿命《しゅくめい》は使命《しめい》へと転ずることができる

「こうだったから、こうなってしまった人生」とは、生まれるなら誰もが背負わざるを得ない三つの「ち（血・地・知）」に支配された不自由極《きわ》まりない人生です（三二頁参照）。言葉を換《か》えるなら、人間に多大な束縛《そくばく》をもたらす運命、すなわち「宿命」に呑まれてしまう人生です。三つの「ち」を引き受ける以上、人は皆それぞれ自らの宿命に呑み込まれざるを得ません。しかし、実はその宿命の中にこそ、その人だけが果たすことのできる「使命」が隠《かく》されているのです。

その使命を発見し、果たすこと――。それこそ、本当に「運命が変わる」ということだと私は思うのです。それは、単にAだった運命がBに変わるということではありません。その人だからこそ背負わざるを得なかった「宿命」の奥に、その人だからこそ果たすことのできる「使命」を見出し、それに応《こた》えてゆくとき、運命は変えることができるのです。あなた自身の人生も、この「宿命」と「使命」の物語を孕《はら》んでいるものです。あなたが引き受けることになった三つの「ち」という「宿命」がいかなる不自由を与えているか、けれどもその中にどのような「使命」を湛《たた》えているものなのか。それをぜひ考えていただきたいと思います。

4 人生の重荷《おもに》とどう向き合うか？

貧しい生まれ育ち、思い出したくない過去、理不尽《りふじん》な現実。動かし難《がた》い重荷をどうすればいいのか。重過ぎる過去との向き合い方とは……。

◎動かし難い重荷を背負った場合

自分に与えられた運命は、従容《しょうよう》として受けとめられるものばかりではありません。誰《だれ》もが自分の人生に対して受け入れ難い条件を一つや二つは抱《かか》えているはずです。

「なぜ、こんな親の下に生まれてきたのだろう」
「なぜ、こんな境遇《きょうぐう》を背負ったのだろう」
「どうして、この土地に生を享《う》けたのか」
「どうして、この時代だったのか……」

なぜ？　どうして？　と思ってしまうような受け入れ難い過去。できれば背負いたくなかった過去。思わず運命を呪《のろ》いたくなるほどの重い過去。すでに決まってしまっていて、変えることのできない過去——。

貧しさ、争いの絶えない家庭、両親の離婚、才能を伸ばすことのできない環境《かんきょう》、病弱な身体《からだ》、肉体あるいは精神の障害《しょうがい》、取り返しのつかない失敗、犯《おか》してしまった罪、大切にしていたものの喪失《そうしつ》、愛する人との離別《りべつ》……。そのような変えることもできず、拒《こば》むこともできない人生の条件、受け入れ難い運命に対して、私たちはどうすればよいのでしょうか。

一方では、誰が見ても、理不尽極《きわ》まりない重荷を与えられる人生があります。また一方では、誰が見ても恵《めぐ》まれていて、不満など持ちようのない人生なのに、本人が自《みずか》らの運命を受け入れられない場合もあります。

ここで確かめておきたいのは、人生に背負った条件のすべてに満足している人は誰もいないということです。誰もが、何らかの受け入れ難い過去を抱《いだ》いて生きているのが現実でしょう。

そして、恵まれない環境だからといって、その人が不幸になるとも限《かぎ》らず、恵まれた環境でも、それゆえの苦しみを背負う場合もあるのです。

◎パール・バックの人生

多くの方との出会いを重ねる中で、ますます深い確信《かくしん》を抱くようになったことがあります。それは、どんなに厳しい人生の条件であっても、本人がそれを引き受ける覚悟《かくご》を持ったとき、人はその条件を背負うことができるばかりか、さらにその厳しい条件の中にも、人生の意味を見出し、人生の意味を実現するだけの力を抱いているということです。

近代化という転換期の中国に生きた一家の、三代にわたる歴史を描《えが》いた小説『大地《だいち》』の作者として知られるパール・バック（一八九二〜一九七三）。その人生は、まさに受け入れ難い「重荷」を抱えながら、その痛みに深い意味を見出し、その意味を実現した生涯《しょうがい》だったと思います。パール・バック夫妻の間に生まれた子どもが、知的な障害を抱えていることが分かったのは、四歳のときのことでした。近所の子どもたちのように話すことのできないわが子。「どうして私はこんな目に遭《あ》わなければならないのか――」。パール・バックは幾度《いくど》もそう思ったと言います。

出産に当たって、親であれば誰しも切実《せつじつ》に願うことの一つが、とにかく生まれてくる子が五体満足《ごたいまんぞく》であって欲しい、ということでしょう。そしてその愛情が深ければ深いほど、生まれてきたわが子に、何らかの肉体的な障害、あるいは知的な障害があることを知った

パール・バック

とき、どれほどのショックを受けられることでしょう。それまで思い描いていた未来の夢や希望が崩《くず》れ去り、この現実をどう受けとめ、応《こた》えてゆけばよいのか分からない。障害を抱えた子どもを持たれるご夫婦の中には、「この子と一緒《いっしょ》に死んだ方がいいのではないかと思った」と言われる方も少なくはありません。パール・バックも、一人の親として、そうした深い悲しみを背負うことになったのです。

しかし、やがてパール・バックは、自らが抱えた重荷、痛みに満ちた条件をあるがままに受け入れることができるようになってゆきました。そして、こう思うのです。

「忍従《にんじゅう》はただ始まりに過ぎません。受け入れる心を持ち、すべてを受け入れられた悲しみは、自ら与えるところがあるということを知らなくてはなりません。というのは、悲しみにも一つの錬金術《れんきんじゅつ》に似たものがあるからであります。悲しみも叡智《えいち》に変わることがあり、それは仮に快楽をもたらすことはないにしても、幸福をもたらすことができるからでありますす。この話を筆にする決心をした最後の理由は、私の子どもの生命が、その世代《せだい》を同じくする人々に何かの役に立てばよいと願ったからでした」

（『母よ嘆くなかれ』〔法政大学出版局〕より）

その後、パール・バックは、障害を背負った娘のための学校を探《さが》します。しかし、学校の現実は劣悪《れつあく》なものでした。子どもたちを家畜同然《かちくどうぜん》に扱《あつか》っている学校までありました。ようやく見つけた学校に入学させるのですが、その講堂《こうどう》に集まった何百という子どもたちを見た瞬間、彼女の胸に訪れる想いがありました。

障害を背負ったその子どもたちの背後に湛《たた》えられた、深い絶望《ぜつぼう》や嘆《なげ》きが彼女の許《もと》に押し寄せてきたのです。彼女はその想いを社会的な意味のある仕事に結びつけようと思い立ちます。知的障害を抱えた子どもたちのために、障害を克服《こくふく》する研究に多くの寄付《きふ》をしたり、自宅に様々な国の孤児《こじ》を預《あず》かって面倒《めんどう》を見たのです。

パール・バックは、自らの人生に負った運命に対して、受けとめ、それを転換《てんかん》し、同じ痛みを負った人々を癒《いや》し、励《はげ》ましました。

愛《いと》しいわが子の負った障害をパール・バックも最初は到底《とうてい》受け入れることはできませんでした。しかし、その運命は変えられないものであることを受納《じゅのう》したとき、そこから一すじの道を開いてゆくことができたのです。

私自身、障害を背負ったお子さんを持つ多くのご夫婦に出会う機会に恵《めぐ》まれました。その方々からよくこのような言葉を伺《うかが》います。

「この子がいてくれたからこそ、今の私がある」「この子がいてくれたからこそ、家族の幸せがある」——。心からそうおっしゃるのです。
この子がいてくれたからこそ、家族がバラバラにならずにすんだ。家族の絆《きずな》を結ぶ要《かなめ》となって、家族や周りの人たちの心を「照《て》らし」てくれている——。それはご家族にとって、決して苦しみや悲しみがなくなってしまったわけではありません。障害も克服されたわけではありません。その中にあって、なお、かつては思いもしなかったような希望や喜び、そして幸せがあることを見出されているのです。

◎どんな条件にも意味がある

弱いもの、愚《おろ》かなもの、醜《みにく》いもの、不完全なもの、未熟《みじゅく》なもの。能力が低いこと、役に立たないこと、効率《こうりつ》の悪いこと、効果のないこと、知的でないこと、遅いこと。また、失敗、病気、不健康、老い、痛み、悲しみ……。こうした人生の重荷とも言える条件に、私たちは生きる意味を見出すことが難《むずか》しく、それればかりか、それらを汚点《おてん》として、人生から切り捨てようとすらします。

しかし、果たしてそれらに意味がないと言えるのでしょうか。社会や両親、時代の価値観という尺度《しゃくど》を鵜呑《うの》みにし、意味がないとレッテル貼《ば》りをしてしまっているのではないでしょうか。

受け入れ難い境遇に対して、様々な先入観や誤《あやま》った価値観を横に置いて、それが自分にとって本当は必要なことであると受けとめてゆくとき、その汚点《おてん》と思えた過去の中に、かけがえのない意味と光を見出す力が人間の中から生まれるのです。

5 なぜこの成功か、この失敗か？

大切なことは、成功であれ、失敗であれ、その事態から、私たちが一体何を「呼びかけ」として受けとめ、それに応《こた》えてどう生きるかということである。

◎成功・失敗は決定的か

人生には、失敗はつきものだと言われます。それでも、一つの失敗による挫折《ざせつ》から、将来をあきらめてしまったり、まだ可能性のある人生を自《みずか》ら潰《つい》えさせてしまう人さえいます。

また、逆に一つの失敗が、やがて大きな成功につながるということも稀《まれ》ではありません。

一方で、一つの成功が、次に大きな失敗をもたらすことになったり、時によっては取り返しのつかない破滅《はめつ》さえ導《みちび》くこともあります。

私たちは、こうした人生における失敗や成功を一体どのように受けとめるべきなのでしょうか——。

例えば、失敗が成功につながった例として、二〇〇二年のノーベル化学賞を受賞した田《た》中耕一《なかこういち》さんの発見が挙《あ》げられます。金属の微粉末《びふんまつ》に、誤《あやま》ってグリセリンの液を落としてしまったのですが、それを捨てるのがもったいないからと計測してみたところ、大きなタンパク質の分子一個の重さを量《はか》るという画期的な方法を発見することにつながりました。同じように、フレミング（一八八一～一九五五）は、ブドウ球菌《きゅうきん》を培養《ばいよう》していたシャーレに青カビが入り込んでしまったという失敗から、抗生物質《こうせいぶっしつ》のペニシリンを発見しました。また、電球を発明したエジソン（一八四七～一九三一）は、フィラメントの素材を見出すまでに、数千回の失敗を重ねていたときにこう言ったと伝えられています。「成果はずいぶん上がっている。役に立たない材料を数千種も知ったんだから」と。エジソンの中では、失敗は目指す目標までの一里塚《いちりづか》であり、その回を重ねるごとに、一歩ずつ目標に近づいているという実感を抱《いだ》いていたのでしょう。

成功が次の成功を生むという考え方があります。戦後の日本経済の成功は、日本独自のやり方とともに、欧米のお手本があり、彼らの成功例から学ぶことができたことが大きかったと言われています。自分の経験や他人の成功例から学ぶことで失敗を避《さ》け、ある程度の成功を手にすることはできると考えられるわけです。しかし、その日本経済の現状を見れば分かるように、過去の成功は、決して未来の成功を意味するものではありません。現在のように、経済のグローバル化が進み過去に前例《ぜんれい》のないような時代状況に至れば、これまでの手法がまったく通じなくなってしまう。逆に過去の成功が、時代の変化に対応できない、足かせや規制にさえなってしまうという現実があります。言葉を換《か》えれば、たとえ一度成功しても、その成功から学んで、伝承《でんしょう》すべきものは伝承し、変えるべきものは変えてゆかない限り、必ず失敗が訪《おとず》れるということです。

そうしたことは、私たち一人ひとりの人生においても同様でしょう。あるとき成功した自分のやり方や生き方にこだわるあまり、すでに状況は変わっているにもかかわらず自らを変えることができない。そしてその成功ゆえに、逆に大きな失敗や挫折《ざせつ》を招《まね》いてしまうといったことがあります。

つまり、あるときの失敗が決定的ではないように、一時の成功もまた、決して永続的《えいぞくてき》でもなければ、決定的でもありません。

大切なことは、成功であれ、失敗であれ、その事態から、私たちが一体何を「呼びかけ」として受けとめ、それに応えてどう生きるかということだと思うのです。

◎成功・失敗を受けとめるパターンがある

では普段、私たちは失敗に対してどのような態度を取っているでしょうか。

「失敗するくらいなら、何もしない方がよい」と考え、失敗を恐れるあまり何も行動しようとしない人がいます。ちょっとした失敗で、すぐにあきらめてしまう場合です。

一方では、それとは対照的に、失敗は恐れないけれど、何に対しても猪突猛進《ちょとつもうしん》する人がいます。その人の場合、ややもすると失敗の原因をよく見極《みきわ》めたり、失敗から学ぼうとしないために、結局同じような失敗を繰《く》り返すことが多いのです。

また、失敗の原因をすぐ他人《ひと》や事態《じたい》のせいにするために、真の原因が摑《つか》めなくなっている場合もあります。

中には失敗を隠《かく》したり、失敗に気づきながらも、「まあ、大したことないだろう」とそのまま問題を先送りして、後に取り返しのつかない大きな失敗を引き起こしてしまう場合もあります。

これは、成功に対する姿勢についても同じでしょう。一度の成功で満足し、怠惰《たいだ》になってやがて停滞《ていたい》を招《まね》き、結局は失敗の現実を生んでしまう。あるいは、一時の成功に自らが幻惑《げんわく》され、そのやり方でどんどん突き進み、やがて無理な現実を生んで、ときには破滅《はめつ》へと至ってしまう。それはバブル経済の終焉《しゅうえん》とともに、破綻《はたん》を来《きた》さざるを得なかった多くの企業経営のあり方を振り返ってみれば明らかでしょう。

失敗と成功に対して、私たちがこのような受けとめ方や応え方をしている限り、決して失敗・成功の浮《う》き沈《しず》みから自由にはなれないということです。なぜならば、失敗であれ成功であれ、そこに何を学び、次にどう生かすかは、その人の仕事や人生に対する目的や願いに拠《よ》っているからです。さらに言えば、実は失敗や成功を、自らの願いに、より深く目覚めてゆくための「呼びかけ」として受けとめることこそが、人生における真の成功と幸せに至る鍵《かぎ》だと思うのです。

一体、私は本当は何を願って、どこに向かおうとしているのか――。その柱がしっかりすればするほど、一つの失敗や成功から何を学ぶのか、何を捨て、何を守り伝えなくてはならないのかもはっきりとしてくる。何を変えてはならず、逆に何を変えてゆかなければならないのかが、鮮《あざ》やかに見えてくるのです。

◎必ず、一すじの道がある

本来、人間は、失敗と成功を繰り返しながら、その過程《かてい》を通じて、一体自分は何を願っているのか、本当に果たしたいことは何なのか、自らの願いに目覚め、成長《せいちょう》する存在です。つまり、失敗や成功を通して、自らの願いがより明らかになってゆくことこそが、自分自身の深化《しんか》成長の原点であり、同時に周《まわ》りの人が幸せになり社会が調和することにつながってゆきます。

そしてもし、私たちの生きる目的と動機が、自らのエゴや欲望に基づくものであれば、決して成功と失敗の浮き沈みから自由にはなれないでしょう。たとえ成功したとしても、その成功は、次なる不幸をもたらす要因にさえなります。経済的には成功し、莫大《ばくだい》な財産を持ちながら、人を信じられず、孤独と不安の中で生きている人々は多くいます。

また、逆に、経営の行き詰《づ》まりに直面したことで、本当の願いに目覚めてゆかれた経営者もいます。例えば、私がお会いしたある経営者の方は、とにかくお金を儲《もう》けて成功するために邁進《まいしん》していたのですが、事業に失敗し、倒産間際《とうさんまぎわ》に至ったその土壇場《どたんば》で、自分は本当は何をやりたかったのかに気づいてゆかれました。その方の場合、社員が生き生きと働いて、持っている可能性を開いて成長してゆく姿を見ること。それこそが企業を経営する自分の願いだったと発見されたのです。

本当の喜びを発見して以来、この方は、まったく違う人格ではないかと思われるほどに変わってしまいました。かつては成果を上げない社員に対しては、ただ怒りをぶつけ叱咤《しった》していたのが、社員の皆さん一人ひとりの下支《したざさ》えをするようになってゆかれました。そうしたさなか、この会社を潰《つぶ》したくないからと、経済的な援助《えんじょ》を申し出る方が突然現れるなど、思いがけない形で道が開いてゆきました。会社全体が元気になり、業績も好転して、過去数十年の歴史の中で最高の利益を上げ、今では見違えるような会社へと変貌《へんぼう》を遂《と》げたのです。

先に挙げたエジソンの言葉に、「神は、与えた問題には、必ずその解答を用意している」というものがあります。彼は、電球のフィラメントを発見したとき、少なくとも世界から六千種の素材《そざい》を集め、それらを試してことごとく失敗したその果てに、竹という一つの適切な材料に巡《めぐ》り合いました。そして、それを支えたのが、「人々が労働に費《つい》やす負担を軽くし、日常生活を豊かにできるように」というエジソンの願いだったと私は思います。

エジソンは、幾度《いくど》失敗しても、街や家にあまねく電灯をともす夢をあきらめることができなかった。いや、失敗を通して、彼は自らの内に問いかけ、ますますその願いを確かなものにしていったことでしょう。それゆえ、フィラメントの発見という成功に際しても、彼は自らの願いからして、決してその成功に安住《あんじゅう》することはできませんでした。それ以降も、飽《あ》くなき改良に挑戦し続け、さらに多彩《たさい》な発明発見と社会への実用化という挑戦を一生涯続けていったのです。何より、それが彼自身にとっての本当の喜びであったからです。

いかなる失敗であれ、私たちは、そこから新たな道を見出すことができる——。私たちの人生全体から見るならば、失敗も成功も、本心に目覚めるための一里塚であると言えるのです。人生を生き、新しいことにチャレンジする限り、当然、私たちは失敗も成功も体験し続けることになるでしょう。しかし、その成功と失敗から「呼びかけ」を聴き、自らの本当の願いに目覚めて生きてゆくならば、必ず成功と失敗を超えた、本当の意味での人生の成功、真の幸せに至ることができると私は思うのです。

6 こんな自分にも生きる意味があるのか？

自分を愛するとは、自分のかけがえのなさを信じるということ。宇宙広しと言えども、あなたという存在はただ一人である。

◎誇《ほこ》れるものを何も持っていないというあなたへ

人生に生きる意味を見出せない。未来に希望が持てないと思う……。今、そうしたそこはかとないニヒリズム（虚無感《きょむかん》）やあきらめを多くの人々が感じています。かつて、貧しさや病《やまい》、争いといった悲しみや苦しみに対する虚無感に覆《おお》われた時代がありました。今日もまた、物質的な繁栄《はんえい》の影《かげ》で見えにくくはなっていますが、時代の上に虚無の暗雲《あんうん》が垂《た》れ籠《こ》めていると言えるのではないでしょうか。

家柄《いえがら》、生まれ、容姿《ようし》、才能、服装、持ちもの、職業、会社、収入……。私たち現代人は、あらゆることを比較せずにはいられなくなっています。それで一喜一憂《いっきいちゆう》し、自分が自分であることの証明さえも、他人《ひと》との比較によって成り立っています。常に勝つために意固地《いこじ》になってエネルギーを注《そそ》ぎ続けるのも、「もし、負けたら」という不安の裏返しです。絶えることなく繰《く》り返される比較の中で揺《ゆ》れ動き、競争に疲《つか》れ、また負けることを恐れてしまった人たちは、無気力にならざるを得ません。自分の中から、生きようとする力が出てこないのです。

また、過剰《かじょう》な情報の中で比較を始めれば、自分がいかにちっぽけで、力のない存在なのかが見えてしまいます。すでに子どもの頃から、人生を見限《みかぎ》るような想いが生まれ、自分の中や人の中にあるものを信じることができない。そのようなニヒリズムの空気が世の中を覆っています。

「人生を振り返っても、悪いときばかりだったとしか思えない。できれば、生まれ変わりたい」「もし、別の人生を生きられるなら、少しはましな生き方ができるだろうに」と思っている人もいます。「自分には、誇れることなど何もない」「どうせ誰《だれ》にも自分の気持ちなんか分かってもらえない」「こんな人生は駄目《だめ》に決まっている」……と。中には、世間から、社会から、はっきりと「無価値」「失格」の烙印《らくいん》を押されてしまったと感じている人々もあるでしょう。

◎あなたにしか生きられない現実がある

もしあなたがそのように感じて、苦しんでいる一人なら、あなたは宇宙で唯一《ゆいいつ》の存在であることに想いを馳《は》せていただきたいと思うのです。

宇宙広しといえども、あなたという人はただ一人しかいません。あなたが人生で出会う人々や出来事も唯一のものです。たとえ他の人が同じような出来事に出会ったとしても、あなたとまったく同じ感じ方、受けとめ方、応《こた》え方をする人はいないでしょう。さらに、その出会いや出来事の中であなたが抱《いだ》いた想いは、決して消し去ることのできないかけがえのないものなのです。

生まれてきたのは間違いではないかと思っていた。生まれてきても、何の役にも立てない自分だと思っていた。自分の人生は、意味がないと思っていた。そのようなあなたに、あなたを生み出した宇宙はこう語りかけています。

「あなたはかけがえがない。そのままであなたは十分に生まれてきた価値と意味がある。生まれてきてよかった」と。

あなたがいる。あなたが生きる。あなたが歩む。あなたがはたらく――。そのこと自体が尊《とうと》いのです。

◎オンリーワンとしての一人ひとり――「自業《じごう》」という考え方

そして尊いばかりでなく、たとえどんなに弱く、未熟な自分であろうと、あなたにはかけがえのないはたらきが託《たく》されています。

宇宙に流れる無限のいのちのことを思って下さい。宇宙にある一切の物質を生じさせ、一切の物事を縁起《えんぎ》させ続けるいのちの流れ――。その中で、あなたにしか流れ込まないいのちがあります。あなたにしか引き受けることのできないいのちがあります。自分にしか咲《さ》かせることのできない花。自分にしか証《あか》すことのできない真実――。それを私は宇宙の中で自《みずか》らが引き受けるいのちの流れ――「自業」と呼んできました。

自分の人生を愛することは、自分のかけがえのなさに目覚めることだと思います。愛することは、決して美しく魅力《みりょく》のあるものだけを大切にすることではありません。たとえ、醜《みにく》くても、劣《おと》っていても、価値がなくても大切にできることです。それは自業を抱いた自分を大切にすることであり、自らの自業を愛することなのです。

比較の世界で、一番・ナンバーワンになることを追い求める生き方は、常に他を意識せざるを得なくなります。自分に忠実であるより、他に大きく左右されてしまいます。

他との比較をやめて、内なる声を聴《き》き、その声に忠実に生きてゆこうとし始めるとき、私たちは、少しずつ自業に目覚め、自業に応えて生き始めるようになります。自分が求めるべきものが、オンリーワンとしてのかけがえのない生き方であることが分かってくるからです。他人と比較する必要はありません。あなたにはあなたにしか、生きることのできない人生の道がすでに開かれていることを知っていただきたいのです。

あるがままの自分を受納《じゅのう》し始めた人々は、自分のかけがえのなさに気づきます。自分の責任に目覚めてゆきます。少しずつ自信を取り戻《もど》し、自己卑下《じこひげ》や責任転嫁《せきにんてんか》や言い訳《わけ》から脱して、本当の意味で自由になってゆきます。私たちの魂《たましい》の何よりも深い根源的《こんげんてき》な欲求である、本当の自分になること、真の個性を開花させて生きることができるのです。

7 苦しくても生きなければならないのか？

人生には「これなら、死んだ方がまし」と思うほど苦しいときがある。そのときこそ、目を開かなければならない真実がある。

◎人生の重荷《おもに》に耐《た》えられなくなったとき

償《つぐな》い切れないような失敗を犯《おか》してしまった。耐《た》え難《がた》い身体的、精神的苦痛に苛《さいな》まれている。世間に顔向けできないような事件を起こしてしまった。リストラ、倒産《とうさん》、離婚、大切な人との離別《りべつ》、喪失《そうしつ》体験……。

試練に見舞われて「こんなことなら死んだ方がまし」「生きているのに疲《つか》れた」と思い詰《つ》める時があります。

そして、その重荷に耐えられなくなって、自《みずか》ら死を選ぶ人があります。

近年、自殺者の増加と後に残された家族の精神的な痛みが、社会的な問題として注目されています。すでに喧伝《けんでん》されていることとは言え、私たちの社会が抱《かか》えるこの現実に、何とも言葉に表し難《がた》い痛みを覚《おぼ》えずにはいられません。

統計によれば、年間三万人を超える自殺者があり、一日に換算《かんさん》しても八十人以上の尊《とうと》い命が自殺によって失われていることになります。その数は、交通事故で命を失う人の三倍。とりわけ最近は、働き盛りの世代の男性自殺者が急増していると言われます。さらに自殺未遂《みすい》や、死にたいと思いながらも残された人たちへの配慮《はいりょ》などから自殺に踏み切れない人々など、潜在的《せんざいてき》な自殺願望を抱《いだ》いている人の数まで含《ふく》めると、その広がりには計《はか》り知れないものがあります。自殺の問題は今や決して他人事《ひとごと》ではなく、家族や周囲の人たち、そして私たち自身にとって極《きわ》めて身近なことになっています。

不況《ふきょう》の中、企業の倒産やリストラで職を失い、前途《ぜんと》に何の希望も見出せなくなってしまう。また、会社にいてもいつ自分も辞《や》めなければならなくなるかと怯《おび》える日々……。そうした不安やストレスから、多くの人が鬱病《うつびょう》で苦しんでいるという現状もあります。さらに、子どもたちのいじめによる自殺には、痛ましさを通り越して、未来に対する危機感さえ感じさせるものがあります。苦しみを誰《だれ》にも分かってもらえない子どもたちの孤独と絶望《ぜつぼう》。そして、いじめた相手を見返し、復讐《ふくしゅう》するために自ら命を絶ってしまう……。

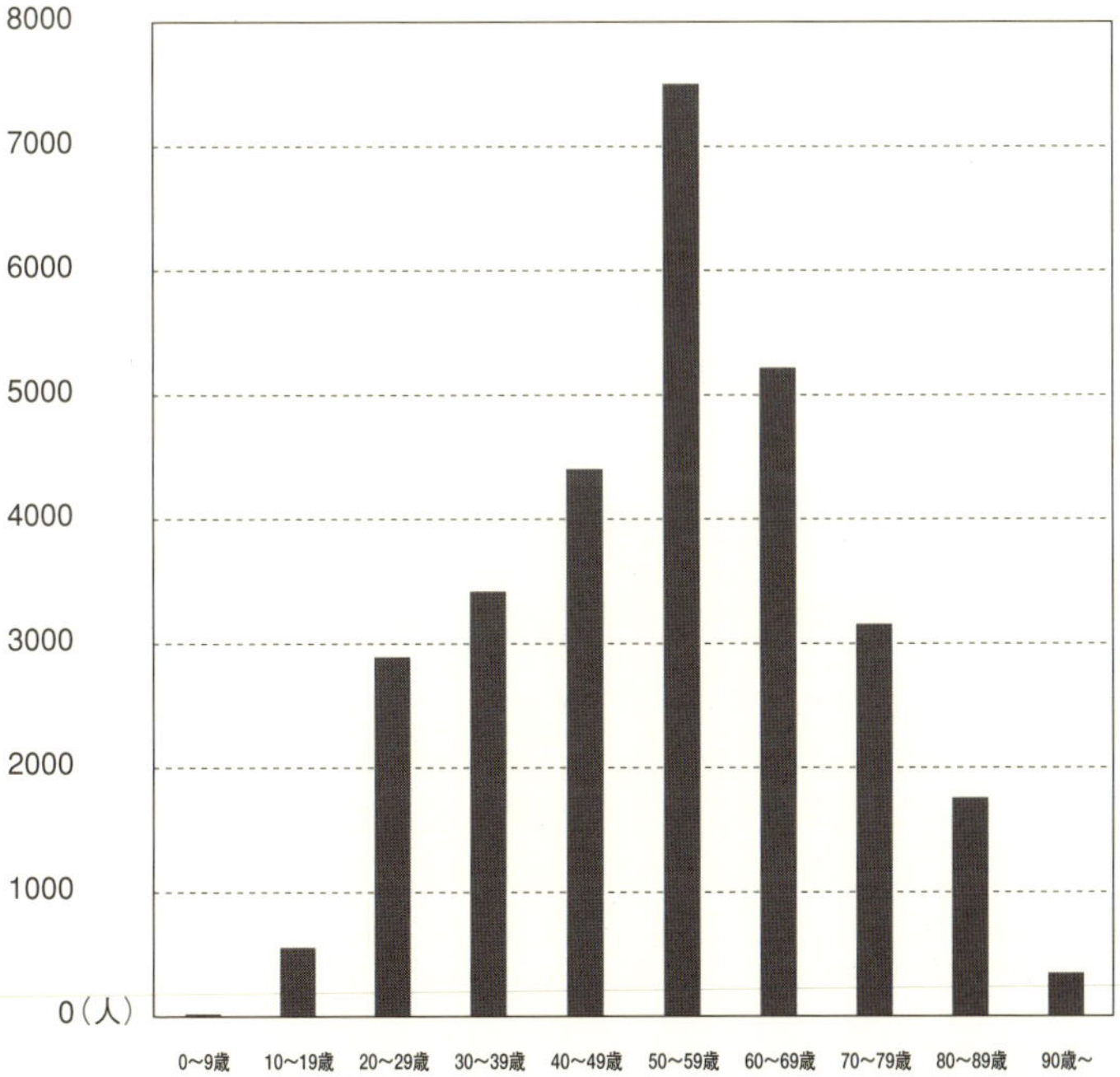

『平成13年　人口動態統計の概況』（厚生労働省）より

年代別の自殺者数

自殺がよくないことだと分かっていても、追い詰められ、どこにも出口を見出せず、その闇と重圧《じゅうあつ》の中で自ら命を絶つことによって逃《のが》れようとする衝動《しょうどう》に駆《か》られてしまう。人生で予想もしなかったような深いショックや絶望に見舞われたとき、そうした想いにとらわれる可能性を、誰もが抱いています。自殺しか、道が残されていないと追い詰められてしまう苦しみと絶望——。そうした苦悩に呑《の》み込まれざるを得ない私たち人間の弱さと悲しさを受けとめた上で、私たちは自殺という痛みに向き合ってゆく必要があると思うのです。

◎死を思い詰めるとき、思い出してほしい

年間何万人もの方々が自殺してゆく現実の影《かげ》には、同時に、その人を失った悲しみと痛みに苦しんでいる方々が、またその何倍も存在するということを意味します。自殺によって不意《ふい》に去られた場合、残された家族や友人たちは身を削《けず》られるような痛みに襲《おそ》われ、何年も苦しみ続けることになります。喪失の痛みは言うまでもないことですが、自らを責める想いや後悔、やり場のない悲しみに苛《さいな》まれます。幼い頃に父親を自殺で失ったある男性は、それから三十年経《た》っている今でも、父親の自殺に対する罪の意識が消えないと語ってくれました。先日、お会いした女性は、十年以上前に姉を自殺で失ったのですが、やはり、

いまだに苦しみ続けておられました。

自らの死を思い詰める——。そんな時を誰もが人生の中で一度や二度は経験したことがあるでしょう。そのようなとき、どうか、あなた自身が使命を抱いた大切な存在であることを思い出して下さい。そして、あなたのことを大切に思う人がいることを思い出して下さい。あなたが死んだら、どれだけあなたに関わりのある人たちが悲しむことになるか、想像してみていただきたいのです。そして、この苦しみを分かち合ってくれる人などいないと感じ、孤独だと思っていても、これまでの人生の中で、あなたに優《やさ》しくしてくれた人、愛してくれた人のことを一人でも思い出してみて下さい。すでに他界《たかい》された方でもよいのです。その人たちとのつながりを思い出してほしい——。

いかなる苦しみも痛みも、必ず癒《いや》し救う力が世界に、あなたの中にはたらいて、今もあなたを支えていることを信じていただきたいのです。

◎この世は天国ではない——崩壊《ほうかい》・不随《ふずい》の定《さだめ》

さらに、ここでお伝えしたいこと。それは「この世は忍土《にんど》である」ということです。

「忍土」とは、仏教用語で「サハー」（シャバ）。忍という字の通り、心の上に刃《やいば》が置かれている状態、つまり、痛みや苦しみに満ちている世界ということです。

私たちは誰もがその人生を母親の胎内《たいない》で圧倒的に守られて始めます。そして愛情を注《そそ》がれて育った人なら、多くを満たされて幼児期を送ります。それは、誰の中にも、その心の根底にごく自然に、この世は自分の想いが満たされる、いわば天国のごとき場所であるという思い込みが刻まれてしまうことを意味しています。それゆえに、現実に対して天国であることを求めてしまう私たちがあります。しかし、現実にはこの世・現象界《げんしょうかい》は忍土です。

私はこれまで様々な場で、「崩壊の定」と「不随の定」という二つの定が存在しているとお話ししてきました。すべてのものは滅《ほろ》びてゆくという「崩壊の定」。そして、現象界は自分の思い通りにはならないという「不随の定」の二つの摂理《せつり》です。

肉体を抱く私たちの命は有限です。生まれたなら、必ず誰もが死んでゆかなければなりません。生身《なまみ》の身体《からだ》は病《やまい》にも罹《かか》り、けがをすることもあります。また事故にも遭遇《そうぐう》するでしょう。この世は生老病死《しょうろうびょうし》という四苦《しく》が支配しています。

人間関係もこの「崩壊の定」の嵐《あらし》に見舞われます。結婚当初、お互いを思い合っていた夫婦も、年月が経つ中で、愛情が冷《さ》めたり、関係が捩《ねじ》れたり、マンネリに陥《おちい》ったりします。友情もささやかな不理解などから壊《こわ》れてゆく。また、立てた当初は熱かった志《こころざし》も、次第《しだい》に忘れ去られ、あきらめに支配されたりする。志の残骸《ざんがい》がここそこに散らばっているのが現実です。さらに、愛《いと》しい人とも別れなければならない愛別離苦《あいべつりく》が存在します。

そして、無数の人々が関わり合って生きているこの世では、願望や期待を誰もが実現できるわけではありません。社長の椅子《いす》は一つしかなく、その椅子に座《すわ》りたくても、願った人が皆座ることはできないでしょう。自分の思い通りに事は運ばないのです。しかし、無意識のうちにもこの世に天国を求めてしまう人間は、どうしても自分の思い通りに事が運ぶことを求めてしまう。そこに苦しみが生じるわけです。

まして、一人ひとりの人間は未熟《みじゅく》な存在です。そのつもりがなくても、他人《ひと》を傷つけたり、不理解が生じてしまうわけです。

自分が苦しみや悲しみでいっぱいのとき、人はどうしても他の人々の苦しみや悲しみに目を開くことができなくなってしまいます。しかし、そのときこそ、周囲の現実に目を開いてよく見ていただきたいと思います。

この世界には、時間が欲しくても、生きる時間が限られてしまった人もたくさんいるという現実。死を目前にして、刻々《こくこく》と落ちてゆく砂時計の砂の一粒《ひとつぶ》一粒をいとおしむようにして生きている人々がいるという現実に目を開いていただきたいのです。いたいけな子どもを残して死んでゆかなければならない母親がいる。従業員たちやその家族の明日を守ってあげたいと思っても、その責任を果たす時間が許されていない経営者がいる――。そうした現実に目が開かれていったとき、決して自分の力で「生きている」のではなく、何か大きな力によって「生かされている」現実が心に沁《し》みてくるのではないでしょうか。そのとき、「苦しくても生きなければならないのか」という問いに対する答えが自《おの》ずから示されるのではないかと思うのです。

8 病《やまい》の宣告《せんこく》をどう受けとめればよいのか？

不治《ふち》の病を宣告されたら、あなたはどうするか。不安に呑《の》み込まれることなく、絶望を乗り越えることができるか……。

◎絶望の淵《ふち》に突き落とされるとき

人は誰《だれ》も例外なく、いつかは死を迎《むか》えます。四、五十代ともなれば、知人・友人・親戚《しんせき》など親しい方が突然の病によって幾年月も経《へ》ぬままに死を迎えるといった経験も増えてくるでしょう。現在は、ほぼ三人に一人が癌《がん》で亡《な》くなっている時代です。確かに、これまで不治の病と言われてきた病に対しても、様々な治療法が研究開発され、中には治癒《ちゆ》に至る場合も増えてきています。しかし、私たち人間のほとんどが、事故などの場合を除《のぞ》いて、やがて何らかの病で死を迎えることになるという現実は何も変わっていないのです。

例えば、ある日、病院で健康診断を受けた結果、内臓の一部に腫瘍《しゅよう》が認められ、それが良性か悪性かを見極《みきわ》めるために再検査をすることになったとしましょう。そのようなとき、検査結果を待っている間に味わう不安は、たとえようのないものです。そして、ついにそれが不治の病であることを知ったときのショック……。その後に訪れる苦しみは、体験した人でなければ分からないものでしょう。

自《みずか》らの命が、数年、場合によっては数カ月しか残されていない……。息のできなくなるような絶望と不安と孤独の中で、病院の長い夜を一人過ごす。一瞬にして未来が閉ざされ、人生のすべてが否定されたような感覚に陥《おちい》る方もあるでしょう。

そして、それは病のみならず、大きな事故や何らかの理由で、これまで思い描いてきた未来が突然絶《た》ち切られてしまうかのような事件に遭《あ》ったときにも通じる苦悩《くのう》ではないでしょうか。私たちの人生には、そうした絶望の淵に、突然突き落とされてしまうような出来事に遭遇《そうぐう》することがあります。そのとき、私たちはどのようにその事態を受けとめればよいのでしょうか。私がこれまでに出会った方々の体験を通して、見つめてゆきたいと思います。

◎受容《じゅよう》によって新しい人生が始まる

働き盛りだった小西さん（仮名）は、かつて一度癌に罹《かか》って恢復《かいふく》したものの、再発《さいはつ》によって入院することになりました。痛みも次第《しだい》に激しくなってゆく中で、小西さんは死に対する不安や恐怖を受けとめきれないでいました。見舞《みま》いに来てくれる友人たちから、励《はげ》まされれば励まされるほど、つらく、いたたまれない想いになるのでした。励ましが、何か自分の未熟《みじゅく》さを非難しているかのように聞こえたからでした。

「誰も自分のことなど分かってくれない。自分はこんなにも痛みに苛《さいな》まれているのに、自分なりに努力しているのに……」。あきらめと投げやりな想いから、小西さんはそれをいつしか言葉や態度に表すようになってゆきました。いつも紳士的《しんしてき》でしっかりとした彼からは、まったく想像もつかない、荒《あ》れたその姿に、周囲の人たちは驚きました。

しかし、私は、その変化は少しも小西さんを貶《おとし》めるものではないと思いました。なぜなら、受け入れ難《がた》い「死」の痛みの前で、それまで見せなかった姿を小西さんは見せたからです。

それは、確かに、私たちが心のどこかに抱《いだ》いている「そうでありたい」姿、死を前にした立派な姿ではなかったかもしれません。周りには彼の甘えや、あがきのように映《うつ》ったかもしれません。しかし、大切なことは、そうした弱く未熟な自分を認め、受けとめること。自分のあるがままを、光も闇も含《ふく》めて、すべて受納《じゅのう》するということなのです。

実は、小西さんは、厳しいその生い立ちゆえに、自分と他人《ひと》との間に壁《かべ》をつくり、誰にも心が開けないという痛みを背負っていました。その彼が、生まれて初めて、亡くなる前に弱い自分をさらけ出すことができた。他人に甘え、弱い自分、未熟で未完《みかん》の自分を他人に見せることができたということ。そこには彼の人生の真実があると思うのです。

私は、肉体の死が訪れ、この世を去ってあの世の次元にゆかれた小西さんの魂《たましい》に、ずっと同伴《どうはん》させていただきました。小西さんは、その長き旅路《たびじ》の果てに、大いなる光に抱擁《ほうよう》されていました。一部の医師たちによって、臨死《りんし》体験《たいけん》をした患者さんの研究が進められていますが、その臨床例《りんしょうれい》にも示されるように、死に臨《のぞ》んだ人々は、懐《なつ》かしく温かい光に包まれることが少なくありません。小西さんの場合もそうでした。その大いなる光に抱かれて、癒《いや》されていったのです。

私は、小西さんの姿に、死を目前にして書いたと言われている良寛《りょうかん》の一つの歌を思います。「うらを見せ　おもてを見せて　散るもみじ」――。風に身を任《まか》せながら裏も表も、自分のあるがままの姿を見せながら散ってゆく。人生の喜びも痛みも超えてきた果てに垣《かい》間見《ま み》た、いのちの真実を伝えてくれる歌です。自分を許すということは、そのような高さまで至るということ――。たとえ「死」という決定的な運命の前でも、人はいつでも新しく生き始めることができるのです。

◎自ら涙した人が、他人の痛みを癒す

未熟と矛盾《むじゅん》を抱いた人間は、痛みや苦しみに出会うことによって荒《すさ》みをつくってしまうこともあります。心に抱いた空洞《くうどう》ゆえに、新たな不幸や悲しみを生み出すことさえしてしまいます。しかし、人間は、痛みや苦しみに出会うことによって、愛の温《あたた》かさを知ります。痛みや苦しみゆえに愛が生まれます。躓《つまず》き転《ころ》んだ者だから、躓き転ぶ者の痛みや悲しみが分かるのです。

自分自身の裏の部分、未熟や矛盾を抱《かか》えた弱い自分、醜《みにく》い自分、恥《は》ずかしい自分、その自分を痛みとともに受け入れた人は、弱き隣人《りんじん》を抱擁し、他人の痛みをわが痛みとして心温かく受けとめることもできるのです。自らの弱さに涙した人間が、初めて他人の痛みを癒すことができるのです。苦悩《くのう》と呻吟《しんぎん》の中での祈りこそ、優《やさ》しさに結晶《けっしょう》するからです。

それまで、やり手で一切を自分で切り盛りしてきたある女性経営者もまたそうでした。

重い癌になったことを当初は受け入れられなかったのですが、やがて彼女は、その試練を受けとめることができるようになってゆきました。多くの人々に癒され、励まされる中で自らの人生を振り返り、人格的な深化《しんか》を遂《と》げたのです。かつては、植物や動物、また自然の風景を見ても何も感じなかった心が、その一つ一つの命を愛《いと》しいと思うようになりました。そして、「(不治の病を背負うなら)一人になると思っていたら、絆《きずな》の海があることが分かりました。すべてが終わりかと思ったら、永遠の世界が広がっていることを知りました」と、かつてなかった笑顔と安らぎで満たされ、残された日々を同じ病で苦しむ人たちを励まし続けて旅立ってゆかれました。

試練を通して、それまでただただ日常に流されて見失っていた、自分が本当に大切にしたかった真実に目覚めてゆくことができる——。家族や縁のあった人々との絆を結び直し、自らの願いを託《たく》して、すがすがしい光に満たされて旅立ってゆかれた方々がたくさんいます。人間には、突然の厳しい試練に襲《おそ》われたからこそ、その痛みを通して開かれる、新しい人生が用意されているのです。

9 孤独《こどく》と不安から人は自由になれるのか？

誰《だれ》もが孤独と不安を抱《かか》えて生きている。しかし私たちは、その孤独と不安の痛みを通して、一切につながるいのちの絆《きずな》を実感することができる。

◎累世《るいせ》の悲願《ひがん》──孤独と不安からの脱出

人間であれば誰もが、なにがしかの孤独と不安を抱えながら生きているのが現実です。自分は独《ひと》りだという不安、孤立しているのではないか、のけ者にされているのではないかという焦《あせ》りや恐れ。寄《よ》る辺《べ》のない心細さや、話し相手がいない、心を許《ゆる》す友がいないという寂《さび》しさ……。また、人生の途上《とじょう》で、それまで体験したことのない厳《きび》しい現実に直面して、かつて感じたことのなかった孤独と不安に苛《さいな》まれることもあります。ときには何不自由なく、多くの人々に囲《かこ》まれ、賑《にぎ》やかに暮《く》らしていても、癒《いや》し難《がた》い孤独を募《つの》らせている人もいます。そして、あまりの孤独と不安に耐《た》えられなくて、人はときには罪を犯《おか》し、他人《ひと》を傷《きず》つけさえもするのではないでしょうか。

私たち人間にとって、このような底知れない孤独と不安から自由になることは、長らく切望《せつぼう》されてきたことです。人類の教師とも言えるインドの釈尊《しゃくそん》は、まさにこの孤独と不安からの自由を求めて道を説いた先哲《せんてつ》の一人でした。ユダヤのイエスも、真実の神の愛を説いて人々の孤独と不安を深く癒しました。

ある意味で、人類の歩みは、孤独と不安からの脱出《だっしゅつ》の歴史そのものであったと言えるのではないでしょうか。貧困《ひんこん》、病《やまい》による死、差別《さべつ》と抑圧《よくあつ》……。私たちを孤独と不安の痛みに陥《おとしい》れる、ありとあらゆるものと人類は闘《たたか》ってきました。その結果、現在、かつてとは比較にならないほどの豊かさを手に入れ、医療は進歩し、社会システムも改善《かいぜん》されてきました。少なからぬ孤独と不安が取り除かれたと言えるでしょう。

◎孤独と不安の根本的な原因とは

しかし、それでも今なお、私たちは孤独と不安から自由になったとは到底《とうてい》言えない現実に直面しています。それどころか、二十一世紀の初頭《しょとう》を生きる私たちの心は、先行きの見えない、自《みずか》らがどこに立っているのかも定《さだ》かではない、えも言われぬ孤独感と不安感を深めているように思えます。現在、増加の一途《いっと》を辿《たど》る薬物依存症やアルコール依存症、摂食《せっしょく》障害《しょうがい》といった症状も、その元《もと》には癒されざる孤独と不安があると言えるのではないでしょうか。

では、この孤独と不安の対極《たいきょく》にある状態とは、一体どのようなものなのでしょうか。実は、その状態を私たちの誰もが体験したことがあるのです。

私たちが、生まれる前、つまり母親の胎内《たいない》にいるときは、そこは、ほとんど、胎児《たいじ》にとってはエデンの園《その》ともいうべき安らかで安全な場所でした。やがて、その母親と一体だった安心から切り離されるのが誕生《たんじょう》でした。そして、母親の産道《さんどう》を通って生まれてくる、そのときに感じた窒息感《ちっそくかん》、閉塞感《へいそくかん》が、不安や恐怖の原体験《げんたいけん》として私たちの無意識に刻《きざ》まれています。誰もが不安や恐怖を、息《いき》の詰まるような窒息感や閉塞感と結びつけるのはそのためです。

この世に投げ出されるようにして誕生した赤子《あかご》。何もできない、無力な出発——それはあたかも大地から切り離された樹木《じゅもく》のような根こぎの存在、不安と根本的な恐れを持つ存在として、私たちの人生は始まったのです。

そして、誕生後も、様々な違いと不平等が、その想いをさらに強めてゆくことになります。性別、容姿《ようし》、資質《ししつ》、健康、能力、才能……。それらは時に人を区分けし差別し、人生を大きく変えるものとなります。それは、まさに不平等極《きわ》まりない現実であり、理不尽《りふじん》としか言いようのない現実であって、私たちの孤独と不安は一層《いっそう》深まることになるのです。

◎すべてを受けとめて生きることができる

つまり、私たちは人間である限り、孤独と不安を心の根底に抱《いだ》きながら生きてゆかなければならないということです。そして、そうした孤独と不安を引き起こす現実を、あえて引き受けるところに、私は人間が人間である所以《ゆえん》、人間が人間であることの尊厳《そんげん》があると思うのです。

なぜなら、私たち人間は、すべてを受けとめて生きることができるからです。それは、現実に妥協《だきょう》して生きるということとはまったく違います。あえてそれらを自ら引き受け、背負って生きること、そこに真の人間の魂《たましい》の自由が示されるということです。

人は誰しも、大なり小なり、自分の人生や現実に、不本意《ふほんい》な想いを抱いているのではないでしょうか。しかし、どんなに嫌いな自分の性格でも、どれほど情《なさ》けない無力さでも、認め難い過去の出来事でも、そうなるにはそうなるだけの理由と、やむを得ない事情があったのです。そうならざるを得なかった事実であることを受け入れられたとき、私たちはそれらを条件として受けとめることができるようになります。条件として受けとめることは、それを決定的なものとはしないということです。つまり、条件として受けとめた上で、未来の可能性に集中できる自由を獲得《かくとく》するのです。

そしてそのとき、同時に私たちは、他の人々もまた自分と同じように孤独と不安を抱え、不自由さを抱き、同じ悩みを持っていたことに目が開かれるでしょう。

自分だけが孤独で不安で苦しかったわけではない。同じように苦しんでいた人たちが無数にいた。私たちは、同じ苦しみと同じ悲しみを共にする人間――同苦同悲《どうくどうひ》の存在なのです。

そして、同じ弱さと愚《おろ》かさ、孤独と不安の闇を抱える者として、その深い悲しみを自らの胸に持つ存在として、他人を慰《なぐさ》め励《はげ》まして生きるとき、人は初めて孤独と不安から解《と》き放たれるのです。人間は、そのように共にあり、共に歩む存在です。

私たちは、一人ではない。孤独と不安の痛みの底を通じて、一つにつながっている「いのち」の絆《きずな》で結ばれています。

それは、あたかも離れて見える孤島《ことう》と孤島が、海底深くでつながっているように、一見《いっけん》別々なように見えて、見えない絆を結び合っています。

そして、実はあらゆる存在が、一つの「いのち」として結びついている。

私たちは、孤独と不安の痛みを通して、一切につながるいのちの絆を実感することができるのです。それは私たちがビッグクロスの次元を抱いている証《あかし》です。

10 出会いは偶然《ぐうぜん》か？

人生に恵《めぐ》まれる無数の出会い。その出会いの一つ一つが実は偶然ではなく、見えざる必然によって導《みちび》かれているとしたら……。

◎出会いは人にはつくれない

人間は、一人で生まれてきて、一人で死んでゆかなければなりません。しかし、その二つの孤独《こどく》の時をつないでいる人生の時間、人は一人で生きてゆくことはできず、無数の出会いに支えられています。

自然との出会い、出来事との出会い、物との出会い、芸術や文学との出会い、学問との出会い、様々な人々との出会い……。人生に満《み》ち溢《あふ》れているこの出会いに想いを馳《は》せるとき、私はいつも神秘的《しんぴてき》な想いに打たれます。

どのような出会いであっても、出会いは人にはつくれないというのが私の実感だからです。例えば、生まれて初めての出会いとなる両親との出会い一つを取り上げてみても、それが自分にとってどのような親であろうとも、出会いが生じるには、人智《じんち》を超える宇宙の歳月《さいげつ》と、計《はか》り知れない生命の歴史とが必要でした。もちろんそれらは人間がつくろうとしてつくれるものではありません。

学校での教師との出会い、友人との出会い、職場での上司や部下、同僚《どうりょう》との出会い、そして生まれてくる子どもとの出会いも、すべて出会いは人にはつくれません。人間の意志を遙《はる》かに超えた力がそこにはたらいているのが真実です。

しかし、私たちは日常、その真実に想いを馳せることもなく、惰性《だせい》のうちに一つ一つの出会いを過ごしていることがほとんどではないでしょうか。

そして、出会いに込められた神秘に想いを馳せるのは、特別なときだけ。大切な人と別れなければならない瞬間、そして、当たり前だと思っていた出会いが突然奪《うば》われたとき……。そのようなとき、私たちは出会いの神秘やかけがえのなさを意識します。どんなに願っても、もうその出会いは訪《おとず》れないことを知ったとき、出会いが決して当たり前のものではなかったことに気づくのです。

◎偶然と必然は表裏一体《ひょうりいったい》

「もし、この人と出会うことがなければ」

「もし、この出来事と出会うことがなければ」……。

人生を振り返るとき、そのような決定的な出会いがあなたの人生にもあるでしょう。生涯《しょうがい》を共に過ごすことになる伴侶《はんりょ》との出会い、一生の仕事となる職業との出会い。決定的な気づきにつながるような出来事との出会い。一生引きずり続けるような厳《きび》しい試練《しれん》との出会いもあるかもしれません。

歴史にも、そのような決定的な出会いが記されています。

例えば土佐《とさ》の漁師《りょうし》の息子《むすこ》、ジョン万次郎《まんじろう》（一八二七〜九八）は十四歳のとき、漁に出て嵐に巻《ま》き込まれ、漂流《ひょうりゅう》の果てに無人島に辿《たど》り着きます。そこに偶然通りかかった捕鯨船《ほげいせん》に助けられてアメリカに渡《わた》り、やがて鎖国《さこく》状態の日本に帰国して、日米の架《か》け橋になるという運命を辿っています。偶然としか思えない一つの出会いが万次郎の人生をまったく変えてしまい、歴史の舞台《ぶたい》に彼を押し出したのです。

あるいは、ハンセン病患者の看護と福祉《ふくし》の向上《こうじょう》に尽《つ》くされた井深八重《いぶかやえ》さん（一八九七〜一九八九）が、その仕事に携《たずさ》わるきっかけとなったのは、若い頃、誤診《ごしん》によってハンセン病と診断されるという事件との出会いでした。そして、その決意《けつい》を確かにすることになったのは、献身的《けんしんてき》に尽くす他国からやってきたキリスト教の神父たちとの出会いがあったからにほかなりません。

こうした人生の出来事の連なりを見ても、偶然のように見える一つ一つの出会いが、実は大きな必然の中に導かれていたとしか思いようがないのです。

◎人生をつなぐ糸がある

人生に訪れる一つ一つの出会いは偶然のように見えます。しかし、後になって振り返ったとき、そのバラバラなものに思えた出会いが数珠《じゅず》のようにつながったものとして見えてくることがあります。あれがあったから、これがあり、これがあったから、あれがある……。そのように、人生に訪れた出会いと出来事をつなぐ一本の意味の糸が見えてくるのです。

『未知との遭遇《そうぐう》』や『E.T.』などを始めとして、最近の『キャッチ・ミー・イフ・ユー・キャン』に至るまで、数々の作品を生み続けている映画監督のスティーブン・スピルバーグは、インタビューに答えて、こんなことを言っています。

「自分は映画の可能性を求めてその都度《つど》その都度、まったく異《こと》なるスタイルでやってきた。でも今、振り返ってみると、そこには一つのテーマがあることが分かってきた。それは、引き裂かれた家族が再び結び合うというものだ。ようやく今になって自分のことが少し分かってきたところだ——」

まるで何か見えない力に導かれてきたとしか思いようのない人生——。それは決して、偉人《いじん》や著名人の人生に限りません。名も知られず生きる多くの人々の人生にも同じように、見えない一本の糸が人生に貫《つらぬ》かれているのです。

ある経営者の男性は、どちらかと言えば、あまり人との交流もなく、静かに研究に没頭《ぼっとう》できるような研究者としての人生を歩みたいと思っていたと言われます。しかし、どうしても、複雑な人間関係の場に投げ込まれるような出会いや出来事が重なり、その要請《ようせい》に応えて歩む経営者としての人生を余儀《よぎ》なくされました。しかし、最近自《みずか》らの人生を振り返る中で、人とのコミュニケーション、そして人を支えることこそ、自らの魂《たましい》の願いであったことに気づかれました。

また、ある女性は、幼い頃にいじめに遭《あ》った体験を持ち、学生時代には成績のことで友人との比較に苦しんできたと言います。彼女は自分で意図《いと》して選んだわけではなかったのですが、いつの間にか、かつての自分と同じ境遇《きょうぐう》の子どもたちや青年たちを癒《いや》し、励《はげ》ます創作《そうさく》の仕事に携わっていることに改めて人生の不思議を感じたと語って下さいました。

無数の偶然にしか見えない出会いによって織《お》りなされる必然の物語があります。人によって、「癒し」というテーマであったり、「絆の再結《さいけつ》（再び結び直すこと）」であったり、「愛」であったりと様々ですが、それはその人自身が抱える人生のテーマにつながっているのです（一五八頁参照）。

11 本当の自分はどこにあるのか？

今の自分が本当の自分ではない、どこかに本当の自分がいるはずだ……。誰《だれ》もがそんな想いを持っている。本音《ほんね》でも建前《たてまえ》でもない本心《ほんしん》を探すことによって辿《たど》り着く本当の自分。

◎本音でも建前でもない本心がある

私たちが、人生で素朴《そぼく》に抱《いだ》く疑問の中に、「自分って、何だろう——？」という、本当の自分を知りたいと思う気持ちがあります。それは若者たちにとって最も関心の深いテーマの一つである「自分探《さが》し」につながっており、また、遙《はる》か昔から人間が宗教や哲学を通して求めてきた問いでもあります。

本当の自分、真実の自己とは何か——。それは、普段は日常生活の中に埋没《まいぼつ》して忘れていても、誰もが人生を生きる上で避《さ》けて通れない人間にとっての本質的なテーマと言えるものです。そのテーマについて、ここでは、本音と建前ということから考えてみたいと思います。

例えば、「人とは本音で関わらなければ」と言う人がいます。「建前やきれいごとではなくて、人間にはもっとどろどろしたところがあるのだから、本音を言ってもらわなければあなたを信じられない」といった感覚です。当然そのような人は、建前ではなくて、本音でつながろうとします。ところが、それで本当に信頼《しんらい》し合いつながり合えるかと言えば、実はそうとも言い切れません。そのときは何か打ち解けて裸《はだか》の心で交流し合えたように感じるのですが、本音を聞いた後で「なんだ、あの人もそんなところがあるのか……」と相手を見下《みくだ》したり、かえって不信感を強めたりしてしまうことが少なくないのです。

逆に、「本音を言うのは大人《おとな》げない」という感覚の人もいます。まずは建前をきちんとすることで信頼関係やつながりを保《たも》てると考えるのでしょう。しかし一方で、表には出さなくとも互いの本音や腹の底を探《さぐ》り合うことが起きたりすることになります。

建前であれ、本音であれ、いずれにしても決してお互いが深い絆《きずな》で結び合うことはできないということでしょう。なぜなら、建前も本音も、実は本当の自分自身の気持ち——本心ではないからです。建前か本音かという次元を超えた、さらにその奥に本心の次元があるのです。

人間の本心について思い出す、ある事実の報告があります。第二次世界大戦の最中、ナチのホロコーストの嵐が吹き荒れたヨーロッパでのこと。アウシュヴィッツ強制収容所の中で目にされた不思議な光景。収容所の生活は、人間が生きてゆくにはあまりにも過酷《かこく》で、劣悪《れつあく》な環境に加えて、少しでも働けなくなるとすぐにガス室送りになる状況でした。そんな条件下では、配給《はいきゅう》される食料は死活《しかつ》を分けるものです。それなのに朝、労働に出かける前に、自分に与えられたわずかな食料を黙《だま》って、ベッドに伏《ふ》している病人の枕元《まくらもと》に置いてゆく人たちがいたというのです。いつガス室送りになるのかもしれない人のために、自分の生命を左右する食料を置いていったその人々の心――。

いくら他人《ひと》を助けることは大切だとしても、そんなことは建前ではできないことです。それは建前でも本音でもなく、もっと深い次元から溢《あふ》れた行動にほかなりません。自他の区別《くべつ》が消えて強い光を放って確かに存在しているもの――。そうした自分や周りの人も知らないような自分が、実は私たち一人ひとりの中にあるのです。

◎偽我《ぎが》から真我《しんが》に向かって歩む

私たちが、建前とか本音と言っているのは、実は私たちが生まれ育ちの中でつくってきた偽《いつわ》りの自分――「偽我」の想いと言うべきものです。そして、本当の自分とは、その偽我の覆《おお》いを取り払《はら》ったところにある、魂《たましい》・真我であり、私たちの本心とは、その真我の想いにほかならないのです。

大切なことは、本当の自分、真我とは、あなたにないものを、どこからか持ってきて付け足《た》そうというものでは決してないということです。すでに、あなたの中に抱かれているものであり、すでに息づいていて、現れ出ることを待っている光であるということなのです。何よりも、この一点を大切に、信じていただきたいと思います。なぜなら、その光を信じること、そこからあなたの本当の自分との出会いが始まるからです。

12 人間の可能性とはどういうものか？

誰《だれ》もが内にかけがえのない可能性を秘《ひ》めている。しかし、その可能性とは、能力を拡大するものだけではない。人間にとって真の可能性を開いてゆく道とは……。

◎可能性を開くとは――

私たちは日頃よく「可能性を開きたい」「可能性を伸ばしたい」といった表現を使います。自分自身の可能性もそうですが、親であれば子どもの、上司であれば部下の、教師であれば生徒の――と、それぞれ大切に思う人の可能性が開花することを願わない人はいないでしょう。しかし、本当の人間の可能性とは一体何であり、どのような状態を指すのか、改めて問うならば、意外にも、明確に捉《とら》えていない現実があるように思うのです。

可能性が開くというとき、まずイメージされるのは「何かができるようになること」ではないでしょうか。歩けなかった子どもが歩けるようになり、話せなかった言葉が話せるようになる。さらには、字が書ける、計算ができる、運動ができるようになる……。やがては知性のみならず、音楽や絵画といった芸術的な感性や様々な才能が開花することもあるでしょう。また、リーダーシップや、物事を解決《かいけつ》したり創造《そうぞう》したりする力、人を育《はぐく》みお世話する力なども可能性として挙《あ》げることができるかもしれません。そうした才能と能力を発揮した人々の中で傑出《けっしゅつ》した人が、芸術家、科学者、スポーツ選手、あるいは偉大な政治家や社会運動家などと呼ばれることになるのでしょう。

能力、才能といった「できる」ことの水準を上げ、範囲《はんい》が広がってゆくというイメージが「可能性」という言葉にはあるように思います。しかし、人間の可能性には、そのような尺度《しゃくど》だけでは計《はか》り切れない、重要なことがあるように思うのです。

例えば、大変な自信家で、エネルギーがありながらも、自己中心的な傾向が強く、どうしても最後には孤立《こりつ》した現実を生んでしまう人がいます。その人が、自《みずか》らの愚《おろ》かさや未熟を知ることによって、無私《むし》の心から、人に尽くすことを喜びとするようになる。そして、その喜びを動機として、皆が意欲を失って停滞《ていたい》している場に対して、その重い空気を払《はら》うようなヴィジョンを示したり、道なきところに道を切り開いて開拓《かいたく》してゆく力を現す。さらには、どんなに厳しい状態や閉塞《へいそく》状況にあっても、常に希望を抱《いだ》いて、その光を関わる人々に与えていったりするようになる――。これも、人間の可能性が開くということだと思うのです。

また、他人《ひと》が信じられず、「自分は正しいのに周《まわ》りの人が言うことを聞いてくれない」と被害者意識に陥《おちい》りやすく、絶《た》えず不満を抱いている人がいます。その人が、自分の怒りや不信感から自由になることによって、他人に心を開き、相手を受容《じゅよう》するその人となる。そのとき、頑固《がんこ》だった心が一途《いちず》さという光を放ち始め、批判的だった心から、何が正しく何が間違っているかを弁別《べんべつ》できる力が生まれる――。そのような変貌《へんぼう》を示すなら、これも人間の可能性が開かれるということでしょう。

一方、自己不信が強く、どうしても事態に対して悲観的《ひかんてき》で、否定的な想いばかりが浮かんで、結果として消極的《しょうきょくてき》な選択《せんたく》しかできないでいる人がいます。その人が、自らの恐怖心や不安を超えて、自分自身に対する信頼を取り戻すことによって、他人の苦しみをわがことのように受けとめ共感し、誠実《せいじつ》に他の人と関わることができる人になってゆく――。

さらに、何に対してもすぐに満足しやすく、失敗に対しても、何とかなるだろうと安易《あんい》に考え、どうしても問題を先送りして、気づいたときには遅《おそ》きに失《しっ》するということを繰《く》り返している人がいます。その人が、切実感《せつじつかん》や後悔の想いに目覚めることによって、その人に本来備《そな》わっていた包容力《ほうようりょく》や癒《いや》しの力が発揮《はっき》され、場に安定をもたらしたり、人と人とを再結《さいけつ》させる（絆を結び直す）人となる――。

こうした可能性こそが、人間の内に秘《ひ》められている可能性の核心《かくしん》なのではないでしょうか。これらは目に見ることもできず、数量として計ることもできません。しかし、様々な才能や能力の土台にあって、その才能や能力の開花を促《うなが》す人間力《にんげんりょく》とも言うべき力なのです。

それは、生まれ育ちの中でつくられてきた偽我《ぎが》（偽《いつわ》りの自分）の奥に隠《かく》されていた真我《しんが》（本当の自分）の光にほかならないのです。この真我の光を魂《たましい》の内より取り出すことこそ、人間の可能性を開くことであると私は思うのです。

◎受発色《じゅはっしき》が変わる奇蹟《きせき》

では、どうしたら、この真我の光を取り出すことができるのでしょうか。

その鍵《かぎ》は、人間の「受発色」の中にあります。

人間が生きるということは、出来事や事態を感じ・受けとめ、思い考え、行為して、その結果としての現実を生み出すということです。感じ・受けとめることは「受信」。思い考えて行為することは「発信」。そしてそこには必ず現実＝「色《しき》」が生じます。色とは仏《ぶっ》教《きょう》の言葉で現象、現実を表す言葉です。この受信→発信→現実という営《いとな》みを、私は「受発色」と呼んでいます（一〇八頁参照）。

私たちは日々、いや生まれてから死ぬまで、この受発色を数え切れないほど繰《く》り返しているのです。人間が人生の中でしている営みは、すべてこの「受発色」であり、それ以外は何もしていないと言ってもよいでしょう。新しい人生を創造し、困難な問題を解決することもすべてこの受発色の営みです。

ですから、人間の可能性を開くとは、言い換《か》えるなら、受発色の抱く力を最大限に発揮すること、つまり、「受発色力《じゅはっしきりょく》」を開くということです。一人ひとりの内には、無限《むげん》の可能性がある。しかし、それを閉ざしているのも、また開花させるのも、その鍵はすべて受発色にあるということです。その可能性を開くのが、「受発色革命《じゅはっしきかくめい》」です（一一一頁参照）。

受発色の回路は、私たちの中に流れ込んだ三つの「ち（血・地・知）」によってつくられてきました（三一頁参照）。両親や土地、時代から流れ込んだものによって受発色はつくられてきたということです。その受発色のあり方が、生まれっ放し育ちっ放しのままである限り、その可能性は十分に開花《かいか》することはできず、閉ざされたままで終わってしまうのです。

人間の可能性について考えるとき、私がいつも思い出すことがあります。それは、生命科学研究者の野澤重雄《のざわしげお》博士が開発されたハイポニカ・トマトのことです。トマト一粒の種から、実に一万数千個の実がなることを実証《じっしょう》したハイポニカ・トマトは、まさに生命力に無限の可能性があることを示唆《しさ》していると言えます。その方法の鍵は、トマトの生育環境からあらゆる生長の阻害《そがい》要因を取り除くことにありました。

それは、私たちの魂においても同様です。魂の力の開花を阻害している原因を取り除くことによって、人間はその魂の内より計り知れない可能性を開くことができる。しかもそれは、決して一部の傑出した人々だけに与えられているものではなく、私たち一人ひとり、誰の中にも等しく存在している可能性であり、個性であり、力なのです。

日本人の精神性に大きな影響《えいきょう》を与えてきた仏教には、人間は仏性《ぶっしょう》、すなわち仏《ほとけ》になり得る性質、あるいは仏そのものの性質を抱く存在であるという人間観があります。それは、未来に如来《にょらい》になる種子を蔵《ぞう》しているという意味で「如来蔵《にょらいぞう》」とも呼ばれてきました。

その仏性とは一体何であり、その可能性とは何か――。そして、人間の真の個性とは何か――。

その解答もまた、受発色の力の中にあるのです。

一人ひとりが、自らの受発色に変革を起こし、真実の自己の受発色を現してゆくとき、本当の自分との邂逅《かいこう》が訪《おとず》れ、一人ひとりに与えられた真の個性、可能性が開花し始めるのです。

13 人間の自由とはどのようなものか？

「自由」ほど人間にとって魅力的《みりょくてき》に響《ひび》く言葉はない。昔も今も、人は「自由」を求めている。しかし、本当の「自由」とはどのようなものなのか、私たちは知っているのだろうか。

◎三ツ星レストランも節約道《せつやくどう》も選択できる自由

自由――。私たちはこの言葉に魅力を感じます。自由は、人間が長い歴史を通じて常に追い求めてきた価値であったと言っても過言ではありません。しかし同時に、それは特別に高邁《こうまい》な理想というわけではなく、誰《だれ》もがそれぞれの現実の中で求め続けているものでもあるでしょう。

実際に、自由という言葉から、私たちが抱《いだ》く感覚はどのようなものでしょうか。自分のやりたいことができる、好きなことを思う存分《ぞんぶん》にできることと思う人もいるかもしれません。また、基本的な人権としての自由、それには責任と義務が伴《ともな》うといったことを連想《れんそう》する方もいるでしょう。いずれにしても、私たちが、時代や社会の価値観や因習《いんしゅう》に縛《しば》られることなく、人間として持てる可能性を最大限に発揮《はっき》して、幸福を求めて生きられることを自由と感じている人が多いのではないでしょうか。確かに、歴史を振り返れば、社会的な制度やシステムにおいては改善《かいぜん》がなされ、昔に比べれば誰もが自由に生きられる幅《はば》が広がってきたことは明らかです。

私たちはかつてよりずっと、自由に生きています。命を賭《か》けてエベレストに登《のぼ》ったり、気球《ききゅう》で世界一周を試《こころ》みる人がいます。収入の大部分を海外旅行に費《つい》やしてパリに行き、ブランドものの服や鞄《かばん》を買ったり、三ツ星レストランで食事をしてくる人たちも後《あと》を絶《た》ちません。そうかと思えば、一生懸命に節約道を実践してお金を貯《た》めることに邁進《まいしん》している人もあります。国際結婚で伴侶《はんりょ》を選ぶことも珍《めずら》しくはなくなり、大食《おおぐ》い競争のプロのようになって有名人になることすらできる——。何と自由になったものかと思わずつぶやいてしまいます。つまり、今私たちは、それだけ多くの「自由」を手にしたということです。

でも、本当でしょうか。それが「自由」の行き着く先なのでしょうか。

◎外側の自由と内側の自由がある

今挙《あ》げた自由はどれも外側にある自由と言えます。移動や行動の自由、言論《げんろん》の自由、結婚の自由、住む場所の自由、服装の自由……。その多くは、私たちを束縛《そくばく》する、外側にあった理不尽《りふじん》な制度や約束事がかつてに比べて大幅《おおはば》に取り除《のぞ》かれてきたということでしょう。これらの自由は、ほんの五十年ほど前の日本でも、ほとんど許されなかったり、ごく一部の人だけしか享受《きょうじゅ》できなかったものでした。

では、私たちの内側の自由はどうなのでしょう。果たして、外側の自由に見合うほど自由になってきているのでしょうか。例えば、男女同権《だんじょどうけん》が法律で決められたとしても、「男《だん》尊女卑《そんじょひ》」の思想に心を縛《しば》られている人は少なくないでしょう。また、晴れて大学に進学が決まり、時間的に自由が与えられたとしても、「何をしたらいいのか分からない」と訴《うった》える学生は少なくありません。つまり、私たちの社会が少しずつ成熟《せいじゅく》してきた今だからこそ、逆に私たち一人ひとりが本来抱いている内側の自由――「自由意志」について見つめ直すことが強く呼びかけられている――。私たちは一体どれほど、本当の自由意志を行使して日々を生きているのかということです。

自由意志は、人間であるがゆえに与えられている重要な権能《けんのう》の一つです。その自由意志の問題は、人間自身の成熟《せいじゅく》の問題に直結しています。

その観点《かんてん》から見るなら、私たちは決して自由に生きているとは言い難《がた》いのです。

まず、その時代のものの見方、考え方を支配しているパラダイム——認識の枠組《わくぐ》みについて考える必要があります。それは目には見えませんが、大変な力をもって私たちを支配し操作《そうさ》するものです。

例えば、現代人に特有の「今さえよければいい。一度きりの人生だから」という感覚も唯物主義という時代のパラダイムでしょう。あまりに自然になっているために、多くの人はその感覚を抱いていることを意識することさえありません。

中には、「自分は自分の考えでやってきた。世の中の価値観や先入観に呑《の》み込まれず、自立してやってきた」と思われる方もあるかもしれません。しかし、例えば、私たちが日本に生まれ、日本人となって日本語を使うことだけでも、すでにそのパラダイムでものを考えていることになるのです。合理的だと言われる人でも、一方で根底に「情《じょう》」がなければ得心《とくしん》がいかないとか、自然の風情《ふぜい》に心の機微《きび》を重ね合わせることができるなど、まさにそうした表れです。

また、これまで日本は工業化を押し進め、生産性や効率性を追い続けてきました。その一方で、様々な環境問題が起きていたわけです。つまり、利益や生産性・効率性のみを重視《じゅうし》するパラダイムだけで見ていると、そこで起きている環境破壊《はかい》の現実が、地球生命の存続《そんぞく》をも脅《おびや》かす一大事であるとはとても受けとめることができず、無意識に全部取りこぼしてしまうことになるのです。重要なことは、私たちが当然と思っているものの見方や考え方の中に、誤ったパラダイムが植え付けられている可能性があるということです。

◎「宿命《しゅくめい》の洞窟《どうくつ》」からの解放《かいほう》

そして、さらに「自由意志」を生きることを難《むずか》しくしているのが、私たち一人ひとりの中にあって個人の人生をつくってきた「宿命の洞窟」というテーマです。先にも少し触れましたが、私たちは、この世に生まれてくれば、誰もが三つの「ち（血、地、知）」という過去からの遺産《いさん》を引き継ぐことになります。「血」とは両親や家柄《いえがら》などからの流れ。「地」とは土地の風土《ふうど》や環境からの流れ。「知」とは時代から流れ込んだ価値観や思想、教育などです（三一頁参照）。

こうした三つの「ち」が入り交《ま》じって、私たち一人ひとりの言動を大きく束縛する宿命の洞窟が構成されているのです。それは、「これが『私』だ」と思っている自分の感覚・

感情・思考・意志を規定《きてい》してしまっています。そして宿命の洞窟が、私たちの一人ひとりの中につくられる一方で、時代のパラダイムは個人の宿命の洞窟を外から覆《おお》ってゆくのです。

この内と外の二重拘束《にじゅうこうそく》の状況の中で、私たちは生きてゆくことになります。それは例えば、自動車に乗って海に落ち、何とか脱出しようとしてドアを開けようとするが、外から強烈《きょうれつ》な水圧で押され、どうにも開かずにもがいている——そのような状態に似ていると思うのです。

私たちが真に内側の自由を取り戻《もど》すためには、この宿命の洞窟の呪縛《じゅばく》から自分自身を解《と》き放《はな》ってゆかなければなりません。

では、そのためにはどうしたらよいのでしょうか。

何よりもまず、今、「これが自分だ」と思っている自分がすべてではないことを知ることではないでしょうか。まだ見ぬ自分、本当の自分が内側に眠っていることを信じることからその道は始まります。

呪縛から解き放たれるためには、呪縛されている事実に目覚めなければなりません。誰もが、いつの間にか、気がついたときには今の自分になっていました。自分で行きたいところへ足を運ぶことができ、欲しいと思うものを手にすることもできる私たち人間にとって、洞窟の中に閉じ込められ、不自由であることに気づくこと自体、難しいことなのです。まさしく、ギリシアの哲人プラトン（前四二七頃～前三四七）が語った「洞窟の比喩《ひゆ》」そのものの現実です。生まれたときから細長い洞窟の中で過ごしている人間たちが見ているのは、洞窟の中のかがり火の光に投影《とうえい》されて前面の壁に映《うつ》っている影《かげ》です。しかし、それだけを見続けてきた人々は、その影をこそ世界の実在《じつざい》と信じて疑いません。さらに自分たちが洞窟にいることすら気づかず、自分の背後、洞窟の外に太陽に照らされている明るい世界が広がっていることなど想像もできないのです。

私たち人間が外側の自由を実現しつつある今だからこそ、その外なる自由を行使《こうし》している自らの内側における真の自由を取り戻し、内と外を一つに結んでゆくことが強く呼びかけられているように思うのです。

14 どうすれば自分を変えることができるか？

変わりたいという願いをどうしたら実現できるのか。そのためにはまず自分自身の受発色《じゅはつしき》の傾向を知らなければならない。そして何よりも大切なのは、変わりたいと思う切実《せつじつ》な意志である。

◎あなたは変わることができる

「新しい自分になりたい。変わりたい」と思いながら、なかなか変わることができないという実感を持っている人は少なくないのではないでしょうか。自分が変わることが新しい現実を開くことだと分かっていても、変わるのは容易なことではない。

もしあなたがそう感じているとしたら、まず、あなたは必ず変わることができることを信じていただきたいのです。あなた自身の変容《へんよう》を支えることのできるあなたがいます。本当のあなたは、今自分が自分だと思っているあなたより、ずっと広くて深い存在です。

そのまだ見ぬ自分を信じた上で、これまで、変われなかったには変われなかっただけの理由があることに目を開いていただきたいのです。

例えば、ビジネスマンなら、仕事で現状を打開《だかい》するにも、時代の変化に対応するためにも、まずは自分が変わらなければならないと感じている。しかし、一体どうすれば自分を根本的に変えることができるのかよく分からない——。怒りっぽい人が優《やさ》しくなろうとしても、気に入らないことがあるとつい怒ってしまう。怒りを止めることができない。また逆に、消極的な自分を変えたくて、積極的になろうと思っていても、いざその時が来ると後《あと》ずさりしてしまう。分かっていてもやめられない感じ方や考え方、行動の仕方《しかた》があるということではないでしょうか。

◎無自覚《むじかく》な「受発色の回路」が変われない原因

つまり、変われないのは、現実に自分の感じ・受けとめ方、考え・行為の仕方を変えることができないからなのです。その感じ・受けとめ・考え・行為の仕方は、自分では自覚していなくても一つの傾向を持っていて、自動的に発動《はつどう》してしまう回路になっています。

私は、人間が持つこの回路を「受発色」と呼んでいます。「受《じゅ》」とは感じ・受けとめること（受信）。「発《はつ》」とは、考え・行為すること（発信）。そして「色《しき》」とはその結果、現

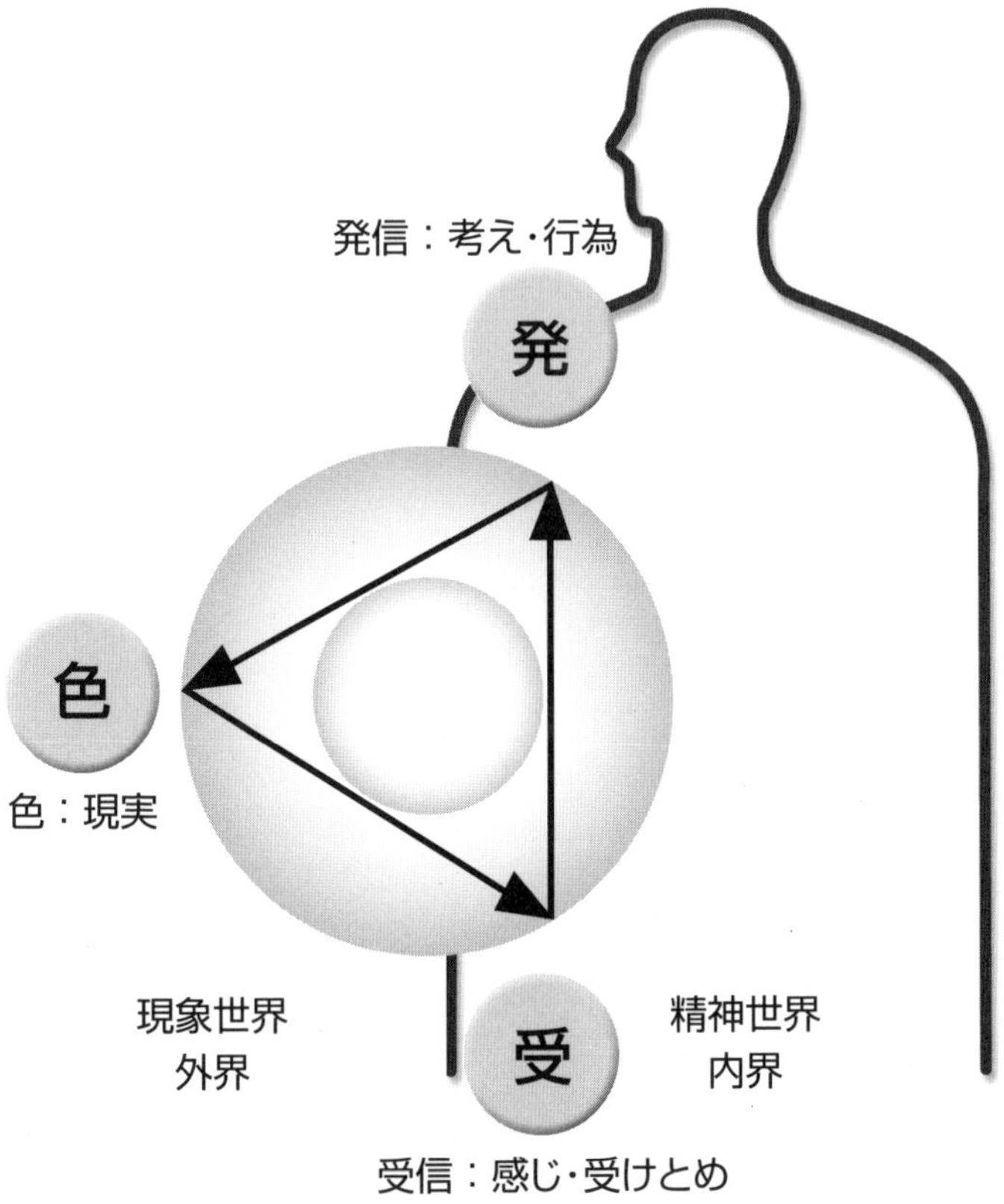
発信：考え・行為
発
色
色：現実
現象世界
外界
受
精神世界
内界
受信：感じ・受けとめ

受発色

れる現実のことです。目に見えるわけでも、耳に聞こえるわけでもありませんが、私たちは一瞬一瞬、自分自身の「受」→「発」→「色」を繰《く》り返しています。同じ場面に遭遇《そうぐう》しても、人によってその対応は様々です。それは、一人ひとりの受信が違い、それに基づいた発信が異《こと》なり、さらにはそこから生み出されてゆく現実が違うということでしょう。そして私たちは、自分自身が繰り返している受発色の轍《わだち》からなかなか脱《ぬ》け出せないのです。誰《だれ》か親しい人のことを思い浮かべてみて下さい。そしてその人らしい仕草《しぐさ》や、話し方、行動の仕方を思い出して下さい。それは必ず、その人の受発色に関わっているはずです。そして、同じようにあなた自身もあなたらしい受発色を持っているということです。もしあなたが、これまでのままなら、自分が繰り返してきた受発色をこれからも変わりなく続けてゆくことになるのです。

ということは、この受発色を変えてゆくこと——受発色に革命を起こすことこそが、変わることの核心《かくしん》であることがお分かりいただけるでしょう。

その第一歩は、自分自身の受発色の回路を知ることにあります。その回路には大きく四つのタイプがあります。ぜひ、「自分の受発色はどうなっているのか」を考えながら、受発色の回路を摑《つか》んでみて下さい。

◎受発色革命を起こす

まず、世界に対して、特に自分に対して肯定的《こうていてき》で「快」と受けとめることが多く、エネルギッシュな人は、「快《かい》・暴流《ぼうりゅう》」の「自信家《じしんか》」の傾向を持っています。この傾向を持つ人は、自己過信から、他者に対して優位《ゆうい》の気持ちで関わり、支配的になりがちです。また、望ましくない事態があっても自分の都合のいいように歪曲《わいきょく》して受け取ってしまいます。そして、自己中心的で興奮《こうふん》と手応《てごた》えを求めてゆく傾向が強いため、人一倍努力もし、頑張るわりには、孤立《こりつ》してしまうことが多いのです。

しかし、快・暴流の人には、もともと溢《あふ》れるエネルギーと、ヴィジョンを描いて何かを産み出したり、開拓《かいたく》したり創造《そうぞう》する力が眠っています。快・暴流の人が、その可能性を引き出して変わるきっかけは、他人《ひと》の話に耳を傾《かたむ》けること、他に対する思いやりをもち、尽くし支える側に回ることなどにあります。

また、世界や他人《ひと》に対して否定的で、「苦」と受けとめることが多く、攻撃《こうげき》したり非難《ひなん》したりすることがよくある人は、概《おおむ》ね「苦《く》・暴流《ぼうりゅう》」の「被害者《ひがいしゃ》」の傾向を抱《いだ》いています。この傾向を持つ人は、怒りの感情に呑《の》み込まれやすく、自分は正しいのに周《まわ》りの人間は分かってくれないと、理不尽《りふじん》な想いに駆《か》られることが多いのです。当然その人から発せられ

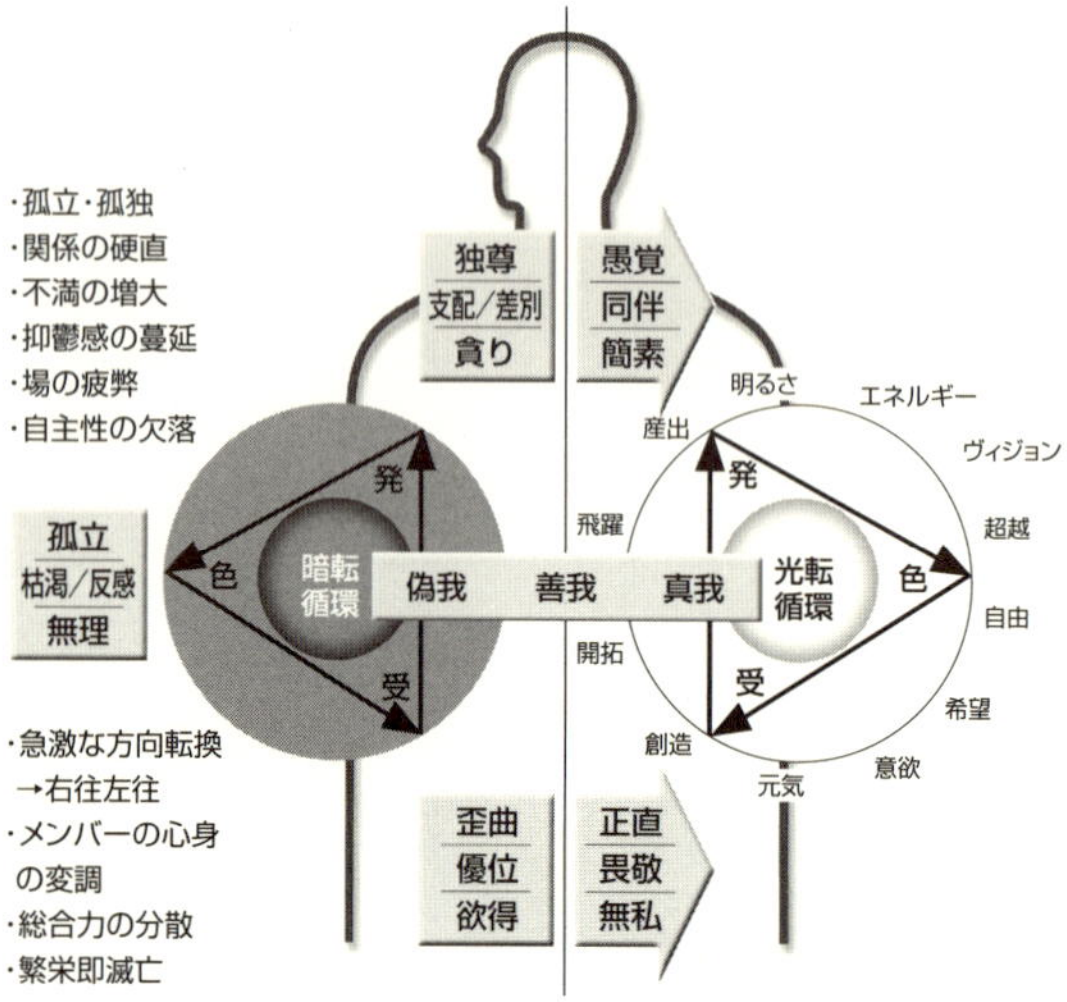
・孤立・孤独
・関係の硬直
・不満の増大
・抑鬱感の蔓延
・場の疲弊
・自主性の欠落
独尊
支配/差別
貪り
愚覚
同伴
簡素
孤立
枯渇/反感
無理
発
色
受
暗転
循環
偽我
善我
真我
光転
循環
明るさ
エネルギー
ヴィジョン
超越
自由
希望
意欲
元気
創造
開拓
飛躍
産出
・急激な方向転換
→右往左往
・メンバーの心身
の変調
・総合力の分散
・繁栄即滅亡
歪曲
優位
欲得
正直
畏敬
無私

快・暴流＝「自信家」の受発色革命

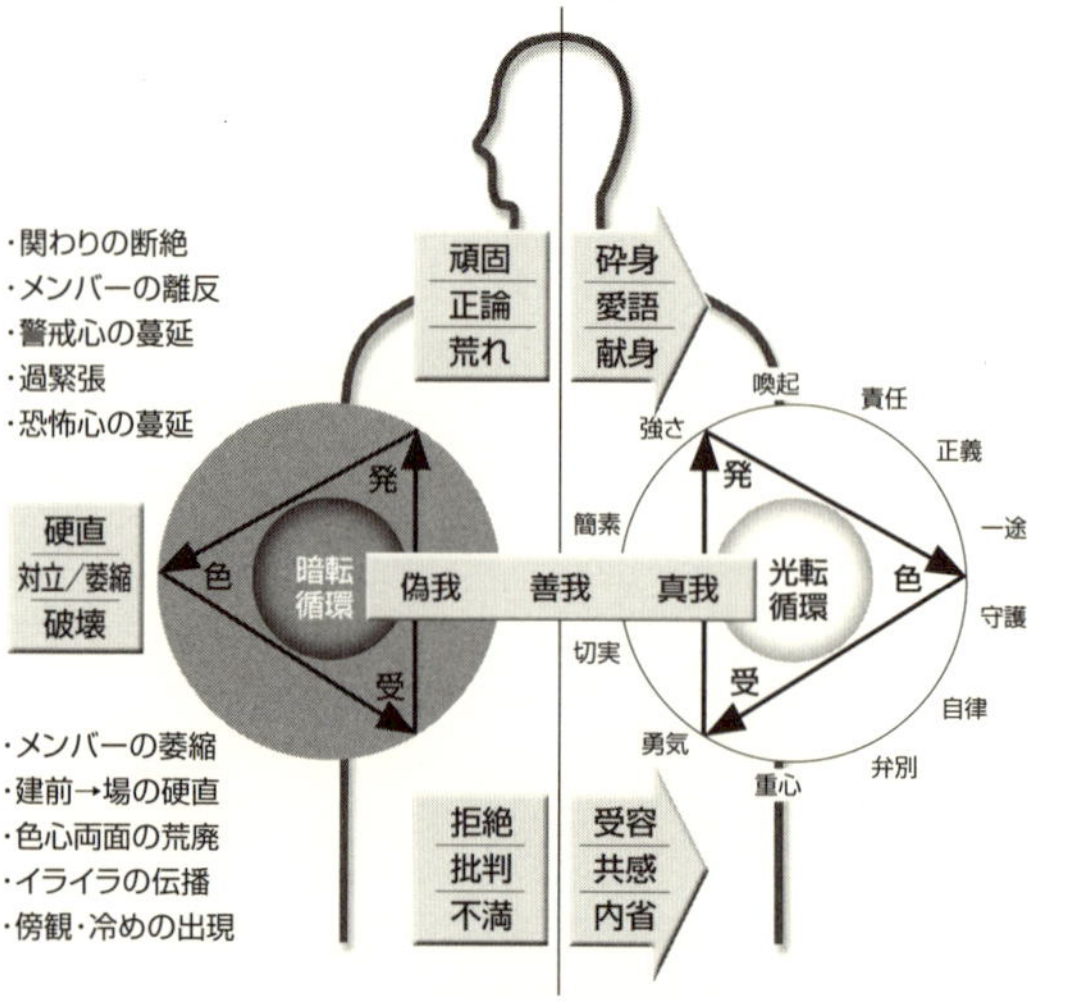
・関わりの断絶
・メンバーの離反
・警戒心の蔓延
・過緊張
・恐怖心の蔓延
頑固
正論
荒れ
砕身
愛語
献身
硬直
対立/萎縮
破壊
発
色
受
暗転
循環
偽我
善我
真我
光転
循環
喚起
責任
正義
一途
守護
自律
弁別
重心
勇気
切実
簡素
強さ
・メンバーの萎縮
・建前→場の硬直
・色心両面の荒廃
・イライラの伝播
・傍観・冷めの出現
拒絶
批判
不満
受容
共感
内省

苦・暴流＝「被害者」の受発色革命

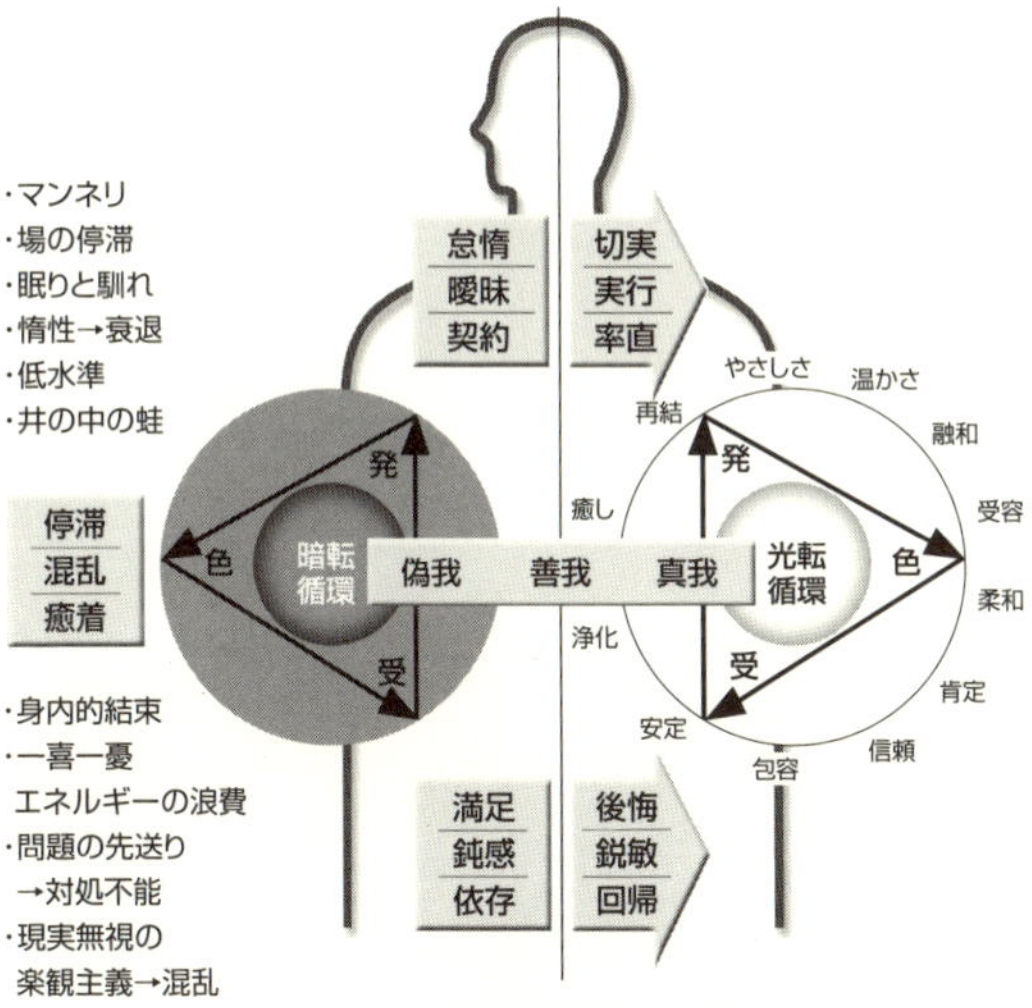
・マンネリ
・場の停滞
・眠りと馴れ
・惰性→衰退
・低水準
・井の中の蛙
怠惰
曖昧
契約
切実
実行
率直
停滞
混乱
癒着
発
色
受
暗転
循環
偽我
善我
真我
光転
循環
やさしさ
温かさ
融和
受容
柔和
肯定
信頼
包容
安定
浄化
癒し
再結
・身内的結束
・一喜一憂
エネルギーの浪費
・問題の先送り
→対処不能
・現実無視の
楽観主義→混乱
満足
鈍感
依存
後悔
鋭敏
回帰

快・衰退＝「幸福者」の受発色革命

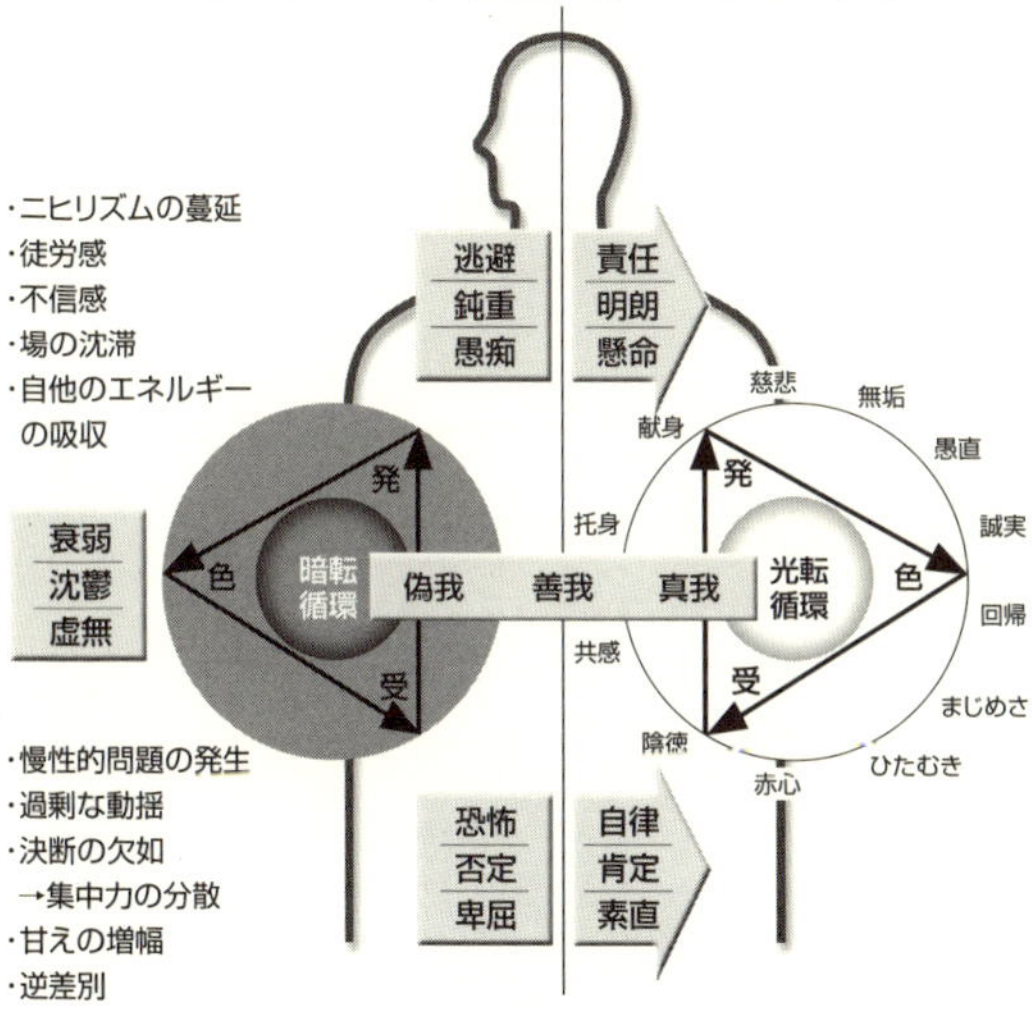
・ニヒリズムの蔓延
・徒労感
・不信感
・場の沈滞
・自他のエネルギー
の吸収
逃避
鈍重
愚痴
責任
明朗
懸命
衰弱
沈鬱
虚無
発
色
受
暗転
循環
偽我
善我
真我
光転
循環
慈悲
無垢
愚直
誠実
回帰
まじめさ
ひたむき
赤心
陰徳
共感
托身
献身
・慢性的問題の発生
・過剰な動揺
・決断の欠如
→集中力の分散
・甘えの増幅
・逆差別
恐怖
否定
卑屈
自律
肯定
素直

苦・衰退＝「卑下者」の受発色革命

るピリピリとした雰囲気《ふんいき》で、場は緊張し硬直《こうちょく》します。

しかし、苦・暴流の人には、確かな責任感や弁別力《べんべつりょく》をもって正義を貫《つらぬ》く強さが、可能性としてもともと抱かれているのです。この苦・暴流の人が可能性を引き出してゆくためには、まず他人に対して和顔愛語《わがんあいご》で接《せっ》し、物事を共感的に受けとめようと努めることです。それが変わるためのステップとなるでしょう。

次に、自分に対して自信が持てず、自分を卑下《ひげ》する想いに支配されることが多いならば、まず「苦《く》・衰退《すいたい》」の「卑下者《ひげしゃ》」の傾きを抱いている人です。事態に対して悲観的《ひかんてき》で、否定的な想いばかりが浮かんできて、すぐに「駄目《だめ》だ」と思ったり、いろいろ思い煩《わずら》った揚《あ》げ句「難《むずか》しい」とあきらめてしまいます。行動するよりは、何もしない方が望ましいと思い、結果として消極的な選択《せんたく》を繰り返してしまうのです。その人の発する重く暗い雰囲気《ふんいき》は、ときに周囲の人も虚無感《きょむかん》や徒労感《とろうかん》、不信感に巻き込んで、場全体が沈滞《ちんたい》することにもなります。

しかし、苦・衰退の人も他の回路の人たちとは異《こと》なる、まじめさ、愚直《ぐちょく》さ、献身的《けんしんてき》で陰で皆を支える誠実さを可能性として抱いています。苦・衰退の人がその可能性を引き出そうとしたら、まず、何よりも自分の中で回り始める愚痴《ぐち》や否定的な想念を止めようとすること、また新しいことに挑戦しようとすることです。それが変わるきっかけとなるでしょう。

最後に、事態や他人に対して、基本的に楽観的《らっかんてき》で、すぐに満足しやすいのなら、「快《かい》・衰退《すいたい》」の「幸福者《こうふくもの》」の傾向を持つ人です。「常に世界は自分を受け入れてくれている」という漠然《ばくぜん》とした安心感を抱いていて、「何かがあっても、誰かが助けてくれるだろうし、何とかなるだろう」と依存的です。そのために、周囲ともすぐに親しくなれるのですが、どうしても仕事は低水準になり、身内的な結束《けっそく》で止まりマンネリ化し、停滞《ていたい》した現実を生み出してしまうのです。

けれども快・衰退の人にも優《やさ》しさや温かさ、他を肯定的、共感的に受けとめ、融和《ゆうわ》し包容《ほうよう》する力が可能性として孕《はら》まれています。快・衰退の可能性を引き出してゆくためには、言いにくいことでも大切なことなら率直《そっちょく》に語ること、そして一度決意したことを持続《じぞく》することに努めようとすることが重要な手がかりとなります。

◎変わることへの切実さを

以上が、「受発色の回路」が持っている四つの傾向であり、その回路を脱《ぬ》け出す小さな手がかりの一端です。何とか自分を変えたい、新しい自分に変わりたいと願う方は、自分に最も近い傾向を探し出し、その変革に取り組んでみることをお勧《すす》めします。さらに確実に自分の受発色の回路を知りたい方は、巻末の自己診断チャートに取り組んでみて下さい（そして、より詳しくその受発色の回路を知り、どうすればそれを変革することができるのか、その具体的な方法について知りたいと思われる方は、小著『「私が変わります」宣言』『新しい力』［三宝出版］をご参照下さい）。

人は、どうしたら変わることができるのか。それは、それぞれが抱く「受発色」を変革すること。「変わる」ことの中身は、まさに受発色が「変わる」ということです。しかし、それは単に別の回路の受発色になるということではありません。あなたが、本当のあなた自身になること、本当の受発色を取り戻《もど》すことなのです。そのために、絶対に不可欠《ふかけつ》な第一歩が、自らの受発色の回路を知るということであり、その受発色を転換したいという切実な想いを確かにすることです。そして、何よりもあなたが変わることができるということを信じることです。

そして、この四つの傾向を持つ受発色を変革してゆくとき、それぞれの傾向の奥に隠《かく》されていたかけがえのない魂《たましい》の個性、真我《しんが》（本当の自分）の輝きが現れ出るということ。そのまだ見ぬ本当の自分との邂逅《かいこう》への道を、あなたにも歩んでいただきたいと思うのです。

15 二十世紀は何を見失ってきたか？

飛躍的な発展を遂《と》げた二十世紀。しかし、その時代が見失ったものがある。ポジの次元を偏重《へんちょう》するあまりネガの次元を顧《かえり》みなかった時代だった。

◎二十世紀に起きた未曾有《みぞう》の変化

ここで少し、私たちを取り巻いているこの時代のことを考えてみたいと思います。

次頁に象徴的なグラフがあります。人類によるエネルギー消費量の推移《すいい》を表したものです。人類は長《なが》らく木材などの物質からエネルギーを引き出してきました。やがて、産業革命《さんぎょうかくめい》を経《へ》て石炭、次に石油、そして二十世紀の後半には原子力と、人類は、まさにあらゆる物質からエネルギーを解放《かいほう》してきました。その歩みの中で、十九世紀から二十世紀に起こった変化が、いかに決定的な不連続だったかをグラフは示しています。

例えば、今私たちは、夜間照明《やかんしょうめい》によって昼夜《ちゅうや》を問わず生活ができますが、わずか一五〇

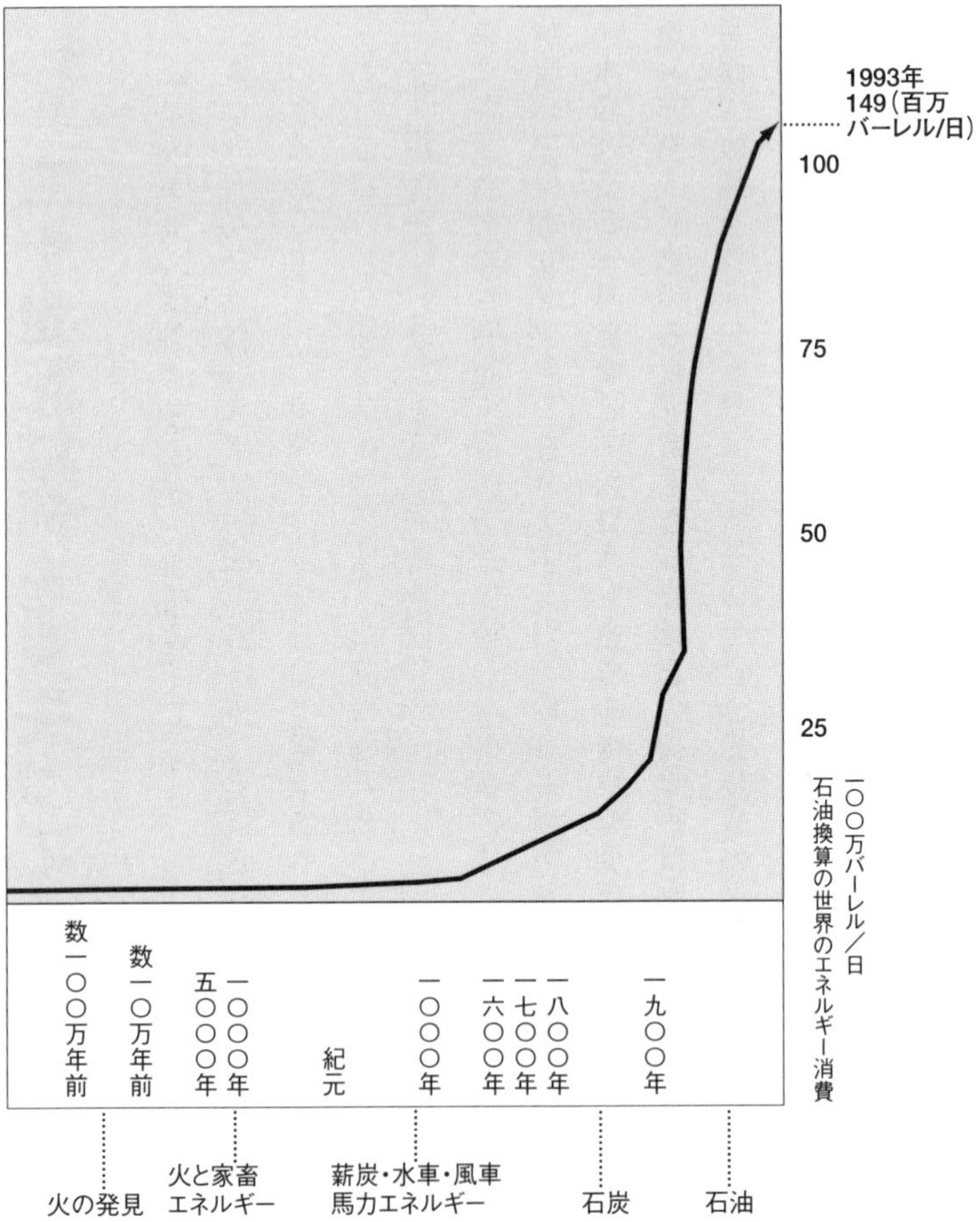

『環境白書:総説』（平成10年版 環境庁編）に基づく

世界のエネルギー消費量の歴史的推移

年ほど前まで、日本で夜の灯《あか》りと言えば行灯《あんどん》が一般的でした。この行灯で六十ワットの光を得ようとすると、五十から百は必要だと言います。そして、照明一つにとどまりません。交通や通信、情報処理など、まさにありとあらゆる点で、ここ百年の間に起きた変化に匹敵《ひってき》する変化は、人類史上どこにも見当たりません。

つまり、二十世紀は、そのような変化が地球規模で起こった時代でした。そこには明らかに、ライフスタイルや思想全般に影響《えいきょう》する大変な事態が進行していたのです。

◎ネガの次元よりポジの次元の時代

その特徴《とくちょう》は、目で見ることのできる世界の爆発的《ばくはつてき》発展と言うことができるでしょう。目で見ることのできる世界——。それは目で見て、確認することのできる世界。形や重さがあり、手で触《ふ》れることのできる世界。哲学では「現象世界《げんしょうせかい》」と呼ばれる世界です。

それに対して、目で見ることのできない世界——。それは、私たちが何らかの意志を抱《いだ》いたり、物事を考えたり、具体的なアイデアを練《ね》る世界。いわゆる「精神世界《せいしんせかい》」のことです。

世界はこれら二つの次元によって構成されており、写真のポジとネガの関係になぞらえて、前者をポジの世界、後者をネガの世界と捉《とら》えることができます（二二二頁参照）。

すなわち、二十世紀というこの百年に起こった変化は、圧倒的《あっとうてき》にポジの次元のものだったということです。物質から解放されたエネルギーや力、あらゆる情報、さらに速度や量、すべてがそうでした。そしてポジの次元の開拓《かいたく》が進めば進むほど、ネガの次元が忘れられていったとは言えないでしょうか。ポジの次元こそリアルで、「実《じつ》」の世界。ネガの次元は曖昧《あいまい》で、「虚《きょ》」の世界――。その前提の上に社会をつくってきたのが、二十世紀だったのです。

それは近代の経済システムが、豊かさの指標《しひょう》を――多様《たよう》さなどではなく――量《りょう》に置いたことによく表れています。そこでは量的豊かさの追求こそ人間の行動原理となり、もともと経済活動に託《たく》されていた人と人との思いやりの交流や、地球の恵《めぐ》みに対する人々の畏敬《いけい》といったネガの次元を考慮《こうりょ》の外に置いてしまったのです。同じように、病《やまい》とは何かということを物質的な側面でのみ捉《とら》える医療、人間の成長《せいちょう》を試験の点数でのみ捉える教育、その他、様々なシステムが、ネガの次元はないもの、無意味なものであるという前提でつくられ拡張《かくちょう》されてしまったのです。

◎ネガの次元を耕《たがや》す鍬《くわ》を持つ

そして、そのような社会システムの矛盾《むじゅん》が噴出《ふんしゅつ》しているのが今日《こんにち》です。利益というポジだけの経済活動が、地域による経済格差や環境破壊を激化《げきか》させたのは当然です。また、生産効率を優先し、家畜に肉骨粉《にくこっぷん》という形などで共食《ともぐ》いを強《し》いるシステムがＢＳＥ――いわゆる狂牛病《きょうぎゅうびょう》の問題を大きくし、人と人との交流、すなわちネガの次元を置き去りにした経済や政治・外交システムが、テロや民族紛争・戦争などの大きな要因となっていることは言うまでもありません。

問題は、ポジの次元の開拓とネガの次元の開拓とのアンバランスにあるということです。そのようなアンバランスは、今日、いたるところで見られます。例えば、コミュニケーションということ一つをとってみても、携帯《けいたい》電話やインターネットなどの通信手段は飛躍的《ひやくてき》に発展したものの、そのコミュニケーションの内容が深まり発展しているわけではありません。

ならば、二十一世紀が幕《まく》を開けた今、私たちは、二十世紀を通じてポジの次元で起こり続けた変化に匹敵《ひってき》する変革を、ネガの次元でも起こしてゆくことが呼びかけられているとは言えないでしょうか。

そして二十世紀、爆発的にポジの次元を切り開いてきたのは、何よりも十九世紀から二十世紀にかけて人類が手に入れた近代科学技術でした。科学技術こそは、私たちにとって、ポジの次元を耕《たがや》す鋤《すき》にほかなりませんでした。

では、ポジの次元を耕してきた鋤に対応する、ネガの次元を耕す鍬とは何なのか。その鍬を見出すことが、二十一世紀を希望の世紀として開こうと願う私たちに、今、切実《せつじつ》に求められています。

16 二十一世紀に必要なものは一体何か？

私たちは、新しい時代二十一世紀をどう生きようとしているのか。そしてこの新しい時代に求められていることは何なのか。それは決して揺《ゆ》らぐことのない次元、ビッグクロスの次元である。

◎世界に入る亀裂《きれつ》は何を呼びかけているのか

大変な時代になった――。誰《だれ》の心の奥からもそんなつぶやきが聞こえてくるような気がします。二十一世紀という言葉は、長《なが》らく希望に満ちた、一切の困難を転換《てんかん》する夢の時代として語られてきました。けれども、いざ現実になってみるとその通りにはゆきません。今私たちは、夢とは異《こと》なる様々な困惑《こんわく》に直面しています。社会のここそこに亀裂が生じ、慣《な》れ親しんだ世界は解体《かいたい》しつつあるとは言えないでしょうか。

離婚率《りこんりつ》の上昇など、社会の最小単位の解体《かいたい》。また、地域社会の空洞化《くうどうか》や長引く不況《ふきょう》による企業の崩壊《ほうかい》・再編《さいへん》。さらに、狂牛病《きょうぎゅうびょう》問題や食品偽装《ぎそう》表示事件、原発事故隠蔽《いんぺい》事件や凶悪《きょうあく》犯罪の増加など、国家や大企業の機能不全《きのうふぜん》。インターネットの普及による国境などの垣根《かきね》の消滅《しょうめつ》。そして、科学技術の発展も、大量破壊兵器《はかいへいき》や環境《かんきょう》破壊を生み出し、地球の危機《きき》すら導《みちび》いています。明らかに、これまでの世界は様々なレベルで崩壊を始めているように思います。

ならば、私たちは何を信じればよいのでしょう。なおも科学技術やシステムの進歩によって、一層堅牢《けんろう》な社会が築《きず》かれることを期待すべきでしょうか。それとも、人間を取り囲む現実は幻想《げんそう》なのだと達観《たっかん》するしかないのでしょうか。

私たちは、二十一世紀という時代をどう生きようとしているのでしょうか。これからの二十一世紀に必要なものは何なのか、そのことを考えてみたいと思うのです。

◎揺らぐことのない次元を求めて

絶対と信じていた世界の崩壊——。実はそのような時代を過去にも人類は幾度《いくど》も経験しています。そのとき、人々は何を求め、何を頼《たよ》りとし、どう生きようとしたのでしょうか。

例えば、紀元前四世紀後半に始まり、約三百年続いたヘレニズム文明期——。古代ギリシアとオリエントの文明がダイナミックな融合《ゆうごう》を遂《と》げたこの時代は、アレクサンドロス大

崩壊を始める世界

王（前三五六〜前三二三）がギリシア、エジプト、ペルシャにまたがる大帝国を築いたことによって開かれましたが、それは同時に、ギリシアの都市国家（ポリス）が覇権《はけん》争いを続けて互いに凋落《ちょうらく》の一途《いっと》を辿《たど》った後に訪れた時代でした。

大規模な人間の移動が起こり、部族やポリスという共同体が解体――。人々は、様々な世界観や人間観が衝突《しょうとつ》し合う中で、自《みずか》らの拠《よ》るべき所を探し求めました。プラトンやアリストテレスもこの時代の黎明期《れいめいき》に生き、キュニコス派や懐疑派《かいぎは》、エピキュロス派やストア派などの哲学、ミトラ信仰やイシス信仰などの宗教の勃興《ぼっこう》が続きました。

例えば、キュニコス派のディオゲネス（前四〇四頃〜前三二三頃）。彼は、埋葬《まいそう》用の樽《たる》に寝起きし、裸《はだか》同然で生活するなどの奇行《きこう》でも有名でしたが、そのディオゲネスは「君の国はどこだ？」との質問に、「私は世界市民（コスモポリタン）だ」と答えました。社会を築いては、それを絶対視せずにはいられない人間――。ディオゲネスは、その枠《わく》を脱《ぬ》け出して、その彼方《かなた》に広がる世界を生きようとしたのです。

懐疑派を興《おこ》したピュロン（前三六〇〜前二七〇）は、かつてアレクサンドロスに仕《つか》えてインド遠征《えんせい》に参加。行く先々で様々な民族と遭遇《そうぐう》し、人間の考え方がいかに土地によって異なる相対的なものなのかを痛感し、人間が絶対の世界を知ることは不可能だと考えました。

さらに、エピキュロス（前三四一〜前二七〇）は「隠《かく》れて生きよ」と唱《とな》えて、不安定な社会から隠遁《いんとん》し、気心《きごころ》の知れた人たちと安らぎを見出す生き方を説きました。一方、ストア派は自然に一致して生きることを究極《きゅうきょく》の目的としました。

これらは、まったく千差万別《せんさばんべつ》に見える思想と実践ですが、実は一点において、共通していました。彼らは皆、決して揺らぐことのない次元、真実の世界とのつながりを求めていたのです。

◎ビッグクロスの次元に根ざす

不思議なことに、ヘレニズム時代と同時期に、インドや中国でもそれまでの共同体や国家が解体してゆく過程が進行し、その中で、あるがままの世界と人間とのつながりを巡《めぐ》る探究が、かつてないほどに試《こころ》みられていました。インドでは、六師外道《ろくしげどう》と呼ばれる唯物論《ゆいぶつろん》や道徳否定論、運命論や懐疑論、あるいはジャイナ教などの宗教や思想が生まれ、中国でも、儒家《じゅか》や道家《どうか》、墨家《ぼっか》や法家《ほうか》など諸子百家《しょしひゃっか》と呼ばれる思想家の活躍が見られたのです。それらもまた、変転《へんてん》する世界の中にあるからこそ、揺らぐことのない次元、中心軸を求めた人間の歩みでした。

それは、私たちの時代においても、変わることがないでしょう。これまでの世界が解体し、多くの秩序が新陳代謝《しんちんたいしゃ》する今、求められているのは新しい、揺らぐことのない次元です。

六師外道と同時代に生きたインドの釈尊《しゃくそん》やヘレニズム末期に現れたイエスもまた、新しい世界へ踏《ふ》み入って、揺るぎない次元を求めました。釈尊は、それまでの社会の約束事を打ち破って、人間の力が及ばない崩壊《ほうかい》の定《さだめ》（すべてのものは滅びゆく）・不随《ふずい》の定（世界は思いのままにはならない）を世界の姿に認め、それを受け入れながら、安らぎの境地を可能にする道を示しました。同様に、イエスもそれまでの思想を一新《いっしん》して、すべての人間、すべての場所を愛する神の存在を見出し、神の愛を、生きることの土台としました。

いつの時代にも、そうした道を求めた人々がいた――。世界と人間の真実の関わりを示そうと歩んだ人々がいました。

ならば私たちも、どれほど世の中に悲惨《ひさん》な出来事が満ちようと、多くの矛盾《むじゅん》を人間社会が抱《かか》えていようと、崩壊の定・不随の定という世界の構造を受けとめた上で、それでも世界そのものへの信頼《しんらい》を失わない生き方を求めなければなりません。そして、混沌《こんとん》の現実を解決《かいけつ》・創造《そうぞう》へと導《みちび》く道の存在を確信して、世界にはたらきかけ続ける生き方を求めなければならないと思います。それが新しい世紀、二十一世紀に求められる生き方のはずです。

そして、その土台である揺るぎない次元とは、ビッグクロスの次元——大いなる絆《きずな》の次元です。二十一世紀を生きるには、このビッグクロスの次元に根ざすことがどうしても必要なのです（一三五頁参照）。

17

科学は絶対か？

科学は万能《ばんのう》ではない。なぜなら、どれほど豊かな未来を切り開こうと、科学には答えることのできない問いがあるからである。科学と宗教は人間を支える両《りょう》輪《りん》と言えるだろう。

◎科学では答えを出せない問いがある

一九五〇年代に登場した鉄腕《てつわん》アトムは、多くの世代からの共感を得て、一躍《いちやく》人気者になりました。物語が伝えるアトムの誕生《たんじょう》は二〇〇三年四月七日。それは科学技術の夢を託《たく》された二十一世紀の物語です。漫画家手塚治虫《てづかおさむ》氏は、もともと非人間的な機械の象徴《しょうちょう》であったロボットに人間の心を注《そそ》ぎました。人間の魂《たましい》を持ったロボット。弱い立場の動物たちや人々に心を寄せ、その痛みを知る、人間以上に人間的なアトムの存在は、科学技術の未来を豊かに描いて、私たちに大きな希望を与えました。

未来を想像するとき、私たちはごく自然に、科学技術によって便利になった生活を思い描いてきました。未来とはそのように進んでゆくものだという固定観念《こていかんねん》があるということです。コミュニケーションの手段が発達している未来はイメージしても、その内容が深まっている未来を想像する人は稀《まれ》です。私たちは科学技術の進歩に、現在の時代の矛盾《むじゅん》を超え、未来を切り開く力を見ているのです。

しかし、科学は万能ではありません。多大な恩恵《おんけい》をもたらしたその一方で、二十一世紀を迎《むか》えた今日の科学技術が、地球環境の破壊《はかい》、大量破壊兵器の開発、生物工学（バイオテクノロジー）の暴走《ぼうそう》など、明日にも人類を滅《ほろ》ぼしかねない現実をもたらしていることを私たちは知っています。

それだけではありません。そもそも世界には、科学では答えの出せない問いがあることを忘れてはならないと思います。

例えば、人間の誕生について、科学はそのメカニズムを詳《くわ》しく解明《かいめい》することはできますが、なぜ、私たちがその時代、その場所、その家に生まれたのかを説明することはできません。あるいは、大切な人を失うという現実――愛する子どもの早過ぎる死。突然の事故による家族の死。あたかも死の宣告《せんこく》にも思える重い病《やまい》に罹《かか》ること……。科学は、そうした事態の生物学的な因果《いんが》関係について説明することはできるかもしれません。しかし、その説明をいかに積み重ねても、事態が他の人ではなく、なぜその人たちに降りかかったのかということには、答えることができません。

加えて、どんなに医療技術が進歩しても、老いて、重い病に罹り、そして最終的に死を迎えることをなくすことなど決してできません。進歩すればするほど、助からなかったことが理不尽《りふじん》に映《うつ》るという現実もあります。つまりこうした問いは、未来、一層深まってゆくはずなのです。

「なぜ、他の誰かではなく、息子でなければならなかったのか」「途中で終わった人生にどんな意味があったのか」「この喪失感《そうしつかん》をどうすればいいのか」……。それらの問いの前では、科学は沈黙《ちんもく》せざるを得ないのです。

そして、そのような問いかけは、一人ひとりの人生において、それ以上はないほどの決定的に重要な意味を持つものです。では、これらの問いに答えることができるのは何でしょう。それは、しばしば科学と対置《たいち》されてきた宗教のはたらきだと私は思います。

◎科学と宗教は人間を支える両輪

かつて、科学の探究は、没価値的《ぼっかちてき》であるということがよく言われました。つまり、科学においては、価値判断は必要がない。未知《みち》のことを解明《かいめい》することはそれ自体、善以外の何物でもないと考えられていたのです。

そうした考え方がいかに空想的であったかは、先に述べた現実から明らかです。人間の愚《おろ》かさと傲《おご》りを私たちは噛《か》みしめざるを得ません。一切が善であったはずの探究から、地球を幾度《いくど》も破滅《はめつ》させるに足《た》る巨大な核兵器が生み出され、何万という人々を殺戮《さつりく》する化学兵器がつくり出されました。地球環境を破壊する大自然の開発技術を生み出し、文明の利《り》器《き》であったはずの自動車は、大気汚染源《おせんげん》や殺人凶器《きょうき》にもなってしまう。さらには、生命の神秘《しんぴ》を解き明かそうとする遺伝子《いでんし》技術は、様々な種《しゅ》を危機《きき》にさらし、私たち人間にさえ、未来に見えない恐怖を与え続けています。

いかなる神秘や謎《なぞ》の探究も没価値的ではあり得ないということです。

実際、科学を究《きわ》め、最先端《さいせんたん》でその方向を定めようとする科学者は、常に人間としての生き方、人類の行く末を背負った判断を求められることになるのです。影響力を持つ科学者ほど、哲学を学び、内なる眼を開き、深い宗教性を身につける必要性があると言っても過言ではありません。実際に、真に優《すぐ》れた業績を残し、牽引車《けんいんしゃ》となった科学者の多くが、人間の内面に深く関わる哲学的宗教的な発言を進んで行っていることは実に示唆的《しさてき》なことです。

そしてそれは、実は宗教の側にとっても同様に言えることです。今日的な宗教は、最先端の科学の成果に無関心ではいられません。科学が描き直した人間の肉体と精神の姿、新しい世界像が発見に満《み》ち、驚《おどろ》きに満ちて、多くの人を啓発《けいはつ》し、新しい現実を生み出すように、宗教は、その新しい人間の事実、世界の事実を踏まえて、私たちが往《ゆ》くべき道を指し示す責任があるからです。アインシュタイン（一八七九～一九五五）はこう言っています。

「宗教なき科学は足が不自由であり、科学なき宗教は盲目である」

示唆《しさ》に富んだ一言であると言ってよいでしょう。アインシュタインは自身の世界観と実践の中で、相互のはたらきが相補《あいおぎな》い合うことを確かめていたのです。

異質な性質を持ちながら、互いが互いを支えなければならない――。つまり、科学と宗教は、人間を支える二つの次元、両輪であるということではないでしょうか。あるいは、互いの姿を映し合う鏡のようなものとも言えるでしょう。それは、同じ平面を進むものではないかもしれません。しかし、異《こと》なる面を進みながら、目指しているのは同じ一点――人間と世界の深化《しんか》――にほかならないのです。

18 ビッグクロスとは何か？

新しい時代を生きるために、不可欠《ふかけつ》なビッグクロスの次元。しかし、ビッグクロスとは一体どのようなものなのか。ビッグクロスに根ざすとは、一体何を指すのだろうか。

◎人間の中心に置くべきものを教えた事件

二〇〇一年九月十一日に起きた米国同時多発《どうじたはつ》テロについては、まだ多くの人が鮮明《せんめい》な記憶を残しているでしょう。この悲劇《ひげき》は、人間の悲惨《ひさん》と闇の深淵《しんえん》を全世界に訴《うった》えた忘れることのできない事件となりました。目を覆《おお》いたくなるような惨状《さんじょう》は、人間が持ち得る残酷《ざんこく》さ、人間が抱《かか》える闇を嫌《いや》というほど私たち自身に突きつけた現実以外の何物でもありませんでした。

しかし、その一方で、私はその事件に居合わせた人々の行動に、人間の中に眠る光を確かめた想いがしました。同僚《どうりょう》や友人たちを何とか助けようとした人々。そして懸命《けんめい》に人命《じんめい》救助《きゅうじょ》に向かった消防隊員の姿――。死という、生きる存在にとって最も危機的《ききてき》な状況に接しながら、その危機を超越《ちょうえつ》して、自分の命の危険すら顧《かえり》みず、他の人たちを助けようとした行動――。そうしたエピソードは、ひときわ眩《まばゆ》い光を放ち、信じ難《がた》い衝撃《しょうげき》にズタズタになった人々の心を励《はげ》まし、新たな勇気と希望を与えたと言っても過言ではないと思います。

そのとき、私たちは普段は忘れている人間の深層《しんそう》を見せられたのではないでしょうか。

自己実現を願い、自分のために人生の時間を使うのがある意味では当然となり、自然となっている時代の風潮《ふうちょう》の中で、突然、われに帰り、正気を取り戻させられるように、人間の真実が明かされる――。あの悲劇は、日常という大地を切り裂《さ》いてその奥を覗《のぞ》かせました。現代社会に生きる私たちにとっては、人間の闇や愚《おろ》かさ、そして人間の狂気《きょうき》については、社会現象や事件として直面することが少なくありません。しかし、人間の中に眠る善《ぜん》性《せい》、聖《せい》なる資質について改めて見つめることはほとんどないように思います。私は、この事件をきっかけにして、人間が抱える深い闇ばかりでなく、その奥に輝《かがや》く光について、改めて考えました。

◎一人ひとりの中に永遠の次元がある

二〇〇一年一月、東京のＪＲ山手線新大久保駅で、酒に酔《よ》い線路に落ちた人を助けようと、ホームから飛び降りた韓国人留学生と日本人カメラマンが電車にはねられ死亡した事件。また、一九九五年の阪神淡路大震災《はんしんあわじだいしんさい》のときも、自分をなげうってまでも瀕死《ひんし》の人々を救い続けた方たちが少なからずいました。

さらに遡《さかのぼ》れば、一九八二年、アメリカのポトマック川での飛行機事故の折のこと。厳冬《げんとう》の水の中に投げ出された多くの乗客の中に、自らの命を脇《わき》に置いて、人々を助ける人物が現れました。到着したレスキュー隊のヘリコプターから命綱《いのちづな》が垂《た》らされると、自分の番になったにもかかわらず、周りにいた方々を一人また一人と摑《つか》まらせました。そしてやがて彼自身は、力尽きて水中に沈んでいったのです。

こうした数々の行動は何を物語っているのでしょうか。断《ことわ》っておく必要があると思いますが、これらの行動は決して同情心や道徳観からは生まれないものです。これらの出来事が教えているのは、人が単に、自らの人生を生きながらえるために生きるだけの存在ではないということです。死をも超えて守り大切にしたいものが人間にはあり、一人を超えた世界全体につながる何かを抱《いだ》いているのです。逆に言えば、刹那《せつな》を生きる人生や限りある人生を超えた次元、個を超えた大いなる存在の次元につながる人間の本性《ほんしょう》があることを訴《うった》えているということです。そして多くの人々が、そう生きる姿に感動し勇気を与えられ、励まされるのは、そのことを、心の底では、誰もが知っているということなのではないでしょうか。

一人ひとりの内に、大いなる存在につながる次元、永遠につながる次元が脈打《みゃくう》っている――。私が、本書の中でビッグクロスの次元という言葉で表すのは、そういう事実です。二十一世紀という新しい時代を生きる人間が、その中心に置くべきこと――。それは何にも増して、人間の根《ね》の次元、「ビッグクロスの次元」でなければならないと私は考えます。

◎ビッグクロスとは――絶対と永遠の二重の絆《きずな》

人間が人間としての本質をどこまでも深めていったとき、私たちの中に次第《しだい》に甦《よみがえ》ってくる感覚――。それが、私たちの存在を根底から支える世界との深いつながりであり、いのちの大十字《だいじゅうじ》とも言うべき、ビッグクロス――縦横《たてよこ》二重の絆の感覚です。

第一の絆は、「大いなる存在との絆」という縦の絆です。私たちが生まれる遙《はる》か以前より存在し、死んで以降もずっとあり続け、この世界にある一切の生命を生かし包《つつ》み支える存在――。そうした言葉に尽くすことのできない存在との絆のことです。そしてそれは、私たちが「神」と呼んできた存在との分かち難《がた》いつながりでもあるでしょう。

そして第二の絆とは、「永遠の絆」という横の絆です。「人間が生きる」とは、通常は、赤子として誕生してから、少年期、青年期、壮年期、実年期、老年期を経《へ》て、やがて死に至るまでのことを指します。しかし人間の魂《たましい》は、数十年で終える一つの人生を超えた、遙かな時、永遠の生命を生きているのです。

◎すべてを奪われても確かな立脚点《りっきゃくてん》があった

ビッグクロスとの絆とは、言葉だけの話ではありません。私自身がこの二十数年の間に直接出会ったお一人お一人の姿を通して教えていただいたことでもありました。

例えば、それまで病気一つしなかったある男性が、人生の途上《とじょう》で、突然の難病《なんびょう》に見舞われました。脳神経細胞の障害《しょうがい》によって全身に様々な機能障害を惹《ひ》き起こすパーキンソン病でした。病《やまい》と闘《たたか》いながら、日を追うごとに悪化してゆく病状とともにもたらされた絶望的な状況の中で、この方は小著『祈りのみち』（三宝出版）との縁《えん》を得て、祈りの時を持つようになります。祈りを読みかけては発作が起こるという繰《く》り返しを経て、やがて絶望の淵《ふち》に沈んでしまったような心から「魂を信じよう。そして私たちを生かしている神様を信じよう」という気持ちが湧き上がってきます。

まさにこの方を支えたのが祈りでした。人生で大切にしてきたすべてをはぎ取られて、最後に残った、人間にとって大切なこととは何か、人間にとっての目的とは何かが、鮮烈《せんれつ》に寸分《すんぶん》の曖昧《あいまい》さもなく、心に映《うつ》ってしまったのです。

人生は、そこからまったく新しく生まれ変わってしまいました。かつては自分のことで精いっぱいだったのに、いつの間にか、同じ病《やまい》で苦しんでいる方のために献身《けんしん》的に生きる人生を始めていました。パーキンソン病であることが分かって絶望している人があれば、不自由な身体《からだ》を押して、そこに赴《おもむ》いて一緒に涙を流しながら、「いや、無意味ではないんだ。この病が教えてくれることがあるんだ」と励まし続け、病人を抱えて途《と》方《ほう》に暮れている家族があれば、そこへ行って相談に乗っておられました。どれほど多くの方々が、絶望の底から救われたことでしょうか。この方は、病によってすべてを奪《うば》われたとき、誰にも奪い去られることのない自《みず》らの存在の根拠《こんきょ》、存在の立脚点を、「神との絆」の中に確かに見出されたのです。

◎どうしても果たしたい魂願《こんがん》がある

また、老人福祉センターの所長という要職《ようしょく》を勤め上げ、多くのご老人から母のように慕《した》われたある女性もそうでした。物質的には豊かでも家族との絆が切れ、心にぽっかりと空《くう》洞《どう》が空《あ》いた孤独なご老人に献身的に関わられ、この女性が赴任《ふにん》して以降、センターの雰囲《ふんい》気《き》は一変《いっぺん》してしまったと言います。また、私生活においても離婚《りこん》したご主人のお母さまの面倒をずっと見られるなど、この女性を知る人は、「馬鹿《ばか》がつくほど面倒見がいい」と言われます。

なぜ、そこまで他人《ひと》のお世話をせずにはいられないのでしょうか。この方が退職され、重篤《じゅうとく》な病に罹《かか》られたとき、私はお会いし、その人生の歩みを辿《たど》らせていただく機会を頂きました。病んでいる身体に光※注を入れさせていただいたときのことです。この女性は、自分でもまったく知らない言葉を語り始めました。そしてご自身が、遙か昔にこの地上に生を享《う》けたことがあることを思い出されたのです。「かつて恵《めぐ》まれた家に生まれた私は、多くの人々の痛みも分かりませんでした。しかしあのとき、『この世は忍土《にんど》だよ、どれだけ多くの争いや孤独や痛みや病気があるだろう。お前が行って手を貸せば救える人がいる』。そのようにおっしゃっていただいたことを、私は忘れたことがありません。その後、何回も転生《てんしょう》しました。そして、今世《こんせ》、ここまで辿《たど》り着くことができました。……」。ご自身が永遠の生命として、どうしても果たしたい魂願（魂の願い。一五八頁参照）があって生まれてきたことを自ら自覚されたのです。

これらはごく一部の例にほかなりません。そうした幾多《いくた》の人々との出会いを二十数年にわたって重ねてきた私の中には、否定しようのない確信があります。ビッグクロスとの絆こそ、人間が人間である所以《ゆえん》であり、人間を根底で支える存在の立脚点である――。その次元の真実に触《ふ》れたとき、自分でも思いも寄らなかったまったく新しい自分に出会うことができる。そして新しい人生を始めることができるのです。

「いのちの大十字」、ビッグクロスを心に刻《きざ》んで、毎日を懸命に誠実《せいじつ》に生きてゆく――。そのとき、世界は惜《お》しげもなくその真実の姿を私たちの前に現し、人として生まれてきた真の至福《しふく》と歓喜《かんき》を体験することができるでしょう。

※注「光を入れる」――宇宙のエネルギー（霊的な光）を、手を通して病や障害をお持ちの方の患部《かんぶ》に入れ、細胞の活性化を促すこと。治療行為を「手当て」と呼ぶのは、このことからではないかと言われ、古来から行われてきた方法でもある。これが「気功《きこう》」と異なるのは、それを行う人の力を強調したものでなく、その人自身はただ祈り心によって、自らをエネルギーを運ぶ介在《かいざい》とする点にある。

19 ビッグクロス体験を知っているか？

人は誰《だれ》も、自分を超える大いなる存在とつながり、永遠の次元を抱《いだ》いている。そしてその経験をそれとは気づかずに持ってきたのだ。ビッグクロスは、誰の中にもある中心である。

◎大いなる存在との絆《きずな》――その実感は誰もが持っている

私たちの中にあるビッグクロス――「大いなる存在との絆」「永遠の絆」――。けれども、そうは言ってもよく分からないし、実感がない……。そのように感じられる方は少なくはないのではないでしょうか。自分を超えた存在とのつながりなんて、特別な経験をした人だけが感じていることであり、ましてや、永遠の絆など考えたこともない……。あなたの率直《そっちょく》な感想もそのようなものかもしれません。

しかし、ビッグクロスの次元に触《ふ》れることは、それほど特別なことではありません。それと意識したことはなくても、誰もがどこかで実感してきたことなのです。

例えば、縦《たて》の絆である「大いなる存在との絆」――。

あなたは、大自然の中で言葉にならない感動を覚えたことはないでしょうか。夜空に満天の星々がまるで降り注《そそ》ぐように煌《きら》めいているのを見上げたとき、「あーっ」と声を出してしまったことはありませんか。漆黒《しっこく》の空が東の方から赤く燃え始め、やがて水平線の彼方《かなた》から朝日が昇ってきたとき、冬の旅でトンネルを抜け出た列車の窓いっぱいに水墨画《すいぼくが》さながらの風景が突然広がったとき、思わずその美しさに息を呑《の》んだことはありませんか。そのとき、私たちは自分を超えた次元が確かに眼前に姿を現し広がっているのを厳粛《げんしゅく》に受けとめていたのでしょう。

自然ばかりではありません。芸術やスポーツ、あるいは科学の中に神秘《しんぴ》を感じるときも、私たちは同じように、大いなる存在との絆に触れているのです。音楽の調べの中で、えも言われぬ感動が心に湧《わ》き上がるとき、呼び覚《さ》まされるその深い感動は何でしょうか。それはときに、時代や民族さえも超える感動となります。スポーツ競技においてもまた、極《きわ》められた選手のプレーに、私たちは胸を打たれます。

あるいは、遺伝子《いでんし》の仕組み――人間の身体《からだ》の細胞、そのミクロ宇宙の中で、DNAの組み替えも含《ふく》め、こんな出来事が起こっていたのかと神秘を感じたとき。それまでの理解を遙《はる》かに超えた精緻《せいち》な仕組みと秩序《ちつじょ》が世界を支えていたことを知ったときの驚《おどろ》き――。かつて私も学生の頃、様々な科学的な知識を吸収するたびに、言葉にならない神秘を感じていました。それらもまた、自分を超える世界に触れる想いではないでしょうか。

それだけではありません。自分の愚《おろ》かさに直面して痛恨《つうこん》の想いを噛《か》みしめたり、人生の大きな転機《てんき》の中で「馬鹿《ばか》なことをした」と後悔したことはなかったでしょうか。そのとき、私たちは「何をやっていたのか」と悔《く》いながら、そんな自分でも生かされてきたこと、自分を生かしている世界を感じていたのです。

自分の仕事に天命《てんめい》を感じるときもそうでしょう。利害から言えば得《とく》であるとは思えなくても、「どうしてもこの仕事をしたい」「この仕事に意義を感じる」と思える。それは、何か自分を超えた力によって、その仕事に導《みちび》かれてきたという実感ではないでしょうか。

そして明らかに、自分が助けられた、導かれていると感じるときも同じだと思います。「どうしよう。もうこれは駄目《だめ》かもしれない」「自分はもう破滅《はめつ》かもしれない」と思うような危機に直面しながら、不思議に道がついて救われたとき、交通事故で車が大破《たいは》したにもかかわらず、小さなけがで済《す》んだとき、そのようなとき、私たちは、端的《たんてき》に自分を超えた大いなる存在の力を感じざるを得ないでしょう。

◎永遠の絆――漠《ばく》たる感覚の中にもすでに体験している

もう一つの「永遠の絆」も、私たちはそれと気づかずに触れてきたものだと思います。例えば、誰からも教えられていないのに、いつの間にか胸の中から、このような問いかけが湧いてきたことはなかったでしょうか。「一体、私は誰だろう」「人間は死んだらどうなるのかしら」「人間はどこから来てどこへ行くのか」……。このような自分の存在の根源に関わる漠とした疑問を抱くとき、私たちは限りある生を超えた次元に触れようとしているのです。

人間の意図《いと》を超えた運命を感じるときもそうでしょう。人生を自分の意志で選んできたつもりだった。けれども振り返ってみたとき、あのときあの選択《せんたく》をしたのは、どうしても理屈《りくつ》では説明できない、運命に導かれたとしか思えない。自分が意図して行動したという以上に、いきさつをいくら辿《たど》っても説明がつかない、そのつながりによって、選択したというような感慨《かんがい》。それは「ご縁《えん》」という感じではないかと思うのです。「出会った頃は、どんなお付き合いになるか分からなかったけれども、いつの間にか何十年も続きました。ご縁だったんですね」というような感覚。こうした「ご縁」という言葉が象徴《しょうちょう》する実感を持つとき、私たちは自分の限られた人生を超えたつながりに触れています。

そして、生命の誕生の場面に接して感じる強い喜びもそうでしょう。夫婦が取り組む「ラマーズ法」という出産の方法がありますが、心を込めて二人三脚《ににんさんきゃく》で一緒《いっしょ》に歩んだ夫婦は、実際に赤ちゃんが生まれたときに、深い感動に襲《おそ》われます。何とも言えない気持ちになるのです。それは突然にこの子が生まれてきたという気持ちではなく、それ以前の遙かなつながりがあって、「私のもとにようやく訪《おとず》れた」という気持ちに近いものです。そのとき、私たちは自分の人生の時を超えた遙かな時に触れているように思えてなりません。

またそれとは逆に、親しい人の死に立ち会ったとき、私たちはしばしば永遠の絆に触れることになります。私たちは一体その方の死をどう受けとめているでしょうか。それは、死は無《む》ではないという感覚です。人間が死んで終わりだとすれば、もし本当に何もなく消えてしまったとしたら、あとは無でしかあり得ません。けれども、親しい人であればあるほど、そう考える人はいないでしょう。命潰《いのちつい》えても、まだその方の存在を感じるのです。そしてそれこそ、死を超えるつながりを私たちが感じている証《あかし》です。

すでに亡くなった大切な家族、友人が今も心の中に住んでいると感じることは、珍《めずら》しいことではありません。何かをしていてふっと、「ああ、今父親はどうしているのか」と想いを馳《は》せる。また素敵《すてき》な場所を訪れたとき、「妻もこの場所に連れて来たかった」と思わず考え、おいしいものを食べたとき、「これを母に食べさせてあげたかった」と思い出す――。そのように今は亡き方々が自分の心の中に住んでいると実感するとき、私たちは意識することなく、永遠の絆に触れているると言えるのではないでしょうか。

あるいは出来事や出会いの中に強い必然を感じるときもそうかもしれません。デジャ・ヴュ（既視感《きしかん》）と言われる体験があります。初めて訪れた場所、出会った人なのに、その場所を遙か昔に訪れ、その人を遙か昔から知っているような感覚を覚えるとき、私たちは不可思議な感覚とともに、私たちを超える次元に触れているのです。

さあ、いかがでしょうか。あなたにも、この中に、すでに味わったことのある経験があったのではないでしょうか。実際、講演会の会場などで、こうした体験の有無《うむ》を聴衆《ちょうしゅう》の方々に尋《たず》ねると、大多数の方がそのいずれかの体験をなさってきたことを自《みずか》ら表明して下さいました。

実は、こうした実感のいずれもが、ビッグクロスという絆の一端《いったん》を感じていた体験です。その体験の渦中《かちゅう》にあるとき、私たちはビッグクロスとの絆に触れて、その絆の粒子《りゅうし》の中にいます。すでに私たちは、おぼろげながらも人生の中で、ビッグクロスとの絆を実感している一人ひとりなのです。

20 永遠の生命を生きるとは？

ビッグクロスの第二の絆《きずな》、「永遠の絆」を結んで生きるとはどのようなことか。

◎もう一つの生き方の選択肢《せんたくし》

「永遠の生命」――この言葉を聞いて、読者の皆さんはどのような印象を抱《いだ》くでしょうか？　例えば、不老不死《ふろうふし》の伝説のように、空想や小説の世界に伝えられる非現実的な印象でしょうか？　およそ日常生活の中では、ましてや学校教育では決して耳にしない言葉となってしまっているかもしれません。それはきっと、私たちの普段の生活の対極《たいきょく》にあるようなイメージになっているのではないでしょうか。

けれども、あなたがその通りの実感を抱いていたとしても、ぜひここでは、人生のもう一つの選択肢として、「永遠の生命」としての生き方を想像していただきたいのです。あなたが永遠の生命のまなざしを抱いたら、一体どのような人生が見えてくるのか。永遠の生命を自覚したら、あなたは、どのように人と関わるようになるのか。どのように仕事をし、どのように家族をつくってゆくようになるのか。永遠の生命としての感覚を抱いたら、迫《せま》り来る困難をどう受けとめるようになるのか。どのようにして、一つ一つの出来事を眺《なが》め、どのようにして……と、ぜひ思い描いてみて下さい。

そしてそれを想像している中で、それが決して空想的なことではないと感じられたら、実際にあなた自身の生活、あなたの人生に、その感覚を取り入れていただきたいのです。

◎連綿《れんめん》と続く畏敬《いけい》すべき円環的《えんかんてき》人生

例えば、永遠の生命としての人生は、偶然《ぐうぜん》のように始まってやがて終わり、無《む》に帰《き》してしまうものではありません。現在の人生だけで始まったものではなく、過去の人生があって生まれてきたものです。そして現在の人生だけで閉じてしまうものではなく、次の新たな人生に連綿《れんめん》とつながってゆくものです。そして私たちの人生の時とは、どの一瞬も切り離されることなく、連綿と続く永遠の時と結びついて織《お》りなされているものなのです。

それを一言で言えば、「円環的人生」ということだと思います。円環のように巡《めぐ》る人生

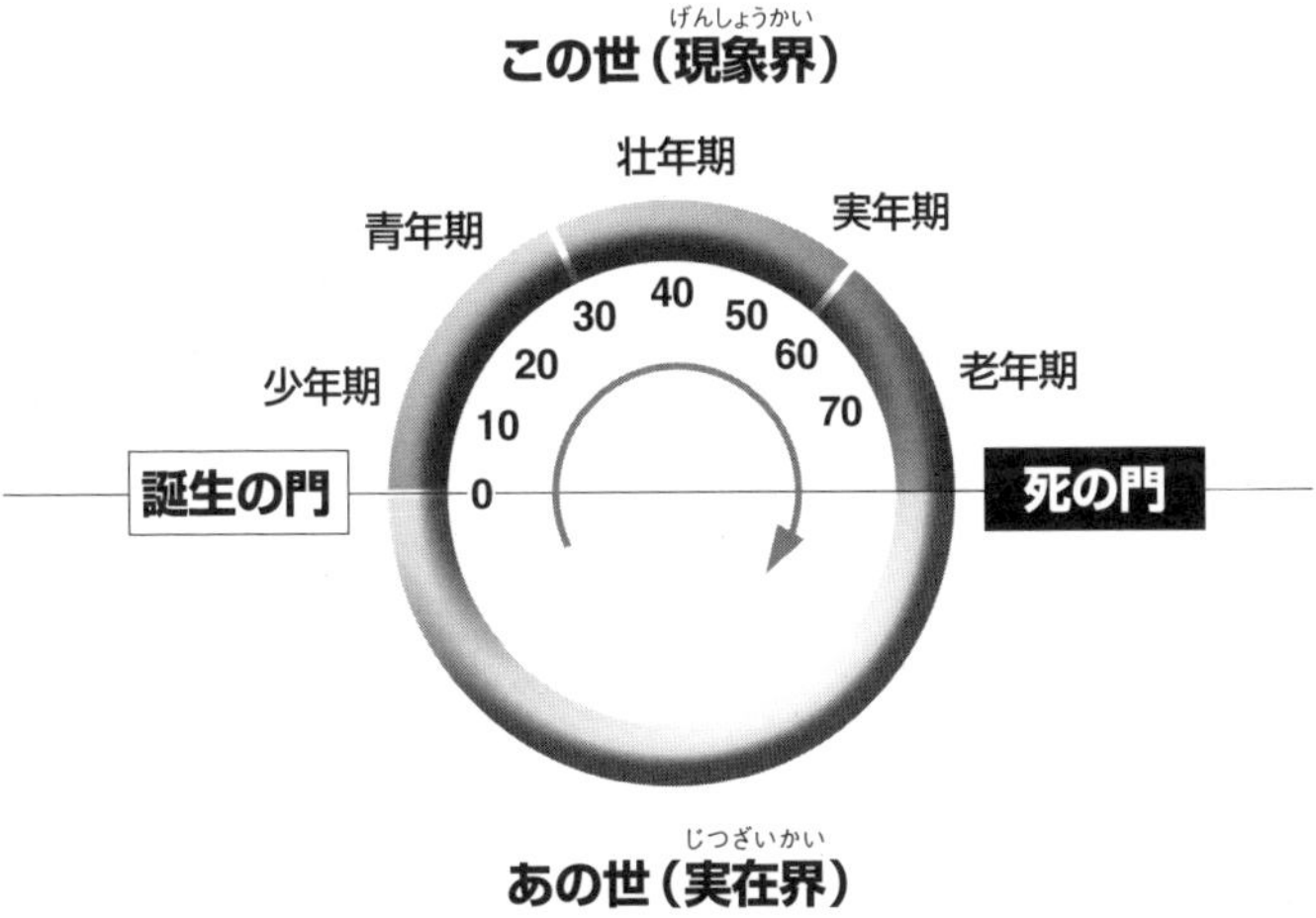
この世（現象界《げんしょうかい》）
壮年期
青年期
実年期
少年期
老年期
0
10
20
30
40
50
60
70
誕生の門
死の門
あの世（実在界《じつざいかい》）

円環的人生観

という意味です。人はそれぞれが人生のテーマを抱いて生まれてきます。そしてそのテーマを追究する中で、「魂《たましい》を深化《しんか》成長《せいちょう》させ、新しい調和を世界に創造《そうぞう》する」という共通の目的と使命《しめい》を実現しようとしているのです。

人生を構成《こうせい》する季節は、大自然の春夏秋冬《しゅんかしゅうとう》という四季《しき》がどの季節も取り替えることのできないものであるように、少年期、青年期、壮年期、実年期、老年期……のいずれもが比べることのできない尊《とうと》い光を発しています。少年期はしばしば準備の期間と捉《とら》えられてしまいますが、そうではなく、それ自体が輝《かがや》くべき季節であり、同様に、余生《よせい》と捉えられてしまう老年期は、人生の集大成《しゅうたいせい》となる大切な時期なのです。それは、生まれて始まり、死して終わる直線的な人生観からは決して見えてこない新しい人生観——円環的人生観です。

◎生き方はこんなに違ってくる

もっと具体的に考えてみましょう。永遠の生命としてのまなざしは、世界に対する、現実に対する一貫《いっかん》した一つの態度を示します。

例えば、「永遠の生命として人生を見る」ことは、人生を必然《ひつぜん》の次元で眺めることだと言ってよいかもしれません。偶然のように人生に訪《おとず》れるどんな出会いや出来事にも偶然を超える意味を見出すことです。そこには、永遠の次元につながる大切な意味が孕《はら》まれている。たとえ、受け入れ難《がた》い困難や失敗であろうと、決して無駄《むだ》な出来事はないことが分かるのです。

「永遠の生命として人と関わる」ことは、人間を魂の存在として受けとめることです。魂の存在として人を受けとめるということは、常《つね》に人の中にまだ現れていない可能性を見る、いまだ目覚めざる本質を信じることであり、それを引き出そう、引き出そうと関わるということでしょう。たとえ、一見したとき、あまり好感を持てない人でも、それはその方の魂の素性《すじょう》ではなく、人生の条件がつくってきたものなのだと受けとめる。嫌《きら》いになった自分の感じ方も人生の条件ゆえのもの。だからこそ、その想いでもう一度、関わることができる。かつて逆縁《ぎゃくえん》となってしまった方との関わりも、魂のことを分からずに捻《ねじ》れてしまった関わりだったと再結《さいけつ》（絆を結び直す）に向かうことができる……。

「永遠の生命として仕事をする」ことは、仕事の先に、人生の使命を考え続けることです。現実的な要請《ようせい》に応え、目標を達成することに精を出しながら、その一方で、私はこの仕事の時間を通じて、自分に対して、世界に対して、何ができるのだろうと考える。それは魂としての成長を果たすということかもしれません。また、仕事そのものを通じて、世界に貢献《こうけん》することかもしれません。あるいは、仕事の内容ではなく、そこで関わる人々に対する貢献かもしれません。

「永遠の生命として困難に直面する」ことは、何よりも事態からの呼びかけを聴くということです。永遠の生命として大切なことは、難《なん》を避《さ》け逃《のが》れることを求めるのではなく、その事態を受けとめることから、新しい生き方が促《うなが》されていることを学ぶことです。もっと深い生き方を学ぶ。普通に考えればない方が望ましい困難も、魂にとっては、深化と成長のために大切な経験だということです。

◎永遠の感覚は誰もが持っている

私は幼い頃から、通常の人々の生活では遭遇《そうぐう》することのない経験に数多く恵《めぐ》まれてきました。自然の中で圧倒的な光の体験をしたり、瞑想《めいそう》中に往《ゆ》くべき道をはっきりと直観したり、高次の存在と接触することが数多くありました。あるいは、さ迷っている魂と対話したり、亡くなった魂と関わるということも数知れずありました。それらは、一般には霊的な体験と言われる超自然的な体験です。その一つ一つが私の中に、新たな感覚を導《みちび》いてくれたことも本当です。

けれども、そうした経験の中で私が最も強く感じたことは、自らの魂としての出自《しゅつじ》、この世界にあることの意味、そして言葉を超えた、世界との一体感だったのです。つまり、それは普通話題にされる特殊《とくしゅ》な感覚以上に、多くの方がその片鱗《へんりん》を抱いている永遠の生命としての感覚を、私の場合、より鮮明《せんめい》に持続的《じぞくてき》に与えられたのだと思っています。

永遠の魂としての感覚は、肉体的な感覚を中心にして人が身につける、物事の判断基準《はんだんきじゅん》や価値観とは、異《こと》なるものです。それだけに、通常は移《うつ》ろいやすく、儚《はかな》いものですが、しかし同時に、それは何度も申し上げるように、誰の内側にも宿《やど》っているものなのです。誰もが、魂としての感覚を秘《ひ》めている。誰もが永遠の生命としてのまなざしを持っている。そのことを忘れないでいただきたいのです。

21

人生の目的とはどのようなものか？

誰《だれ》の中にも、その人が永遠の魂《たましい》として抱《いだ》いてきた願いと、それを妨《さまた》げ壊《こわ》すカルマが存在する。その願いの成就《じょうじゅ》と、カルマの超克《ちょうこく》こそ、人生の目的である。

◎宇宙で唯一《ゆいいつ》という一人ひとりのかけがえのなさ

人生の中で、あるとき、ふと誰もが抱く素朴《そぼく》な疑問があります。それは、「自分は何のために生きているのだろうか」という問いです。ある人は子どもの頃や青年時代に、ある人は仕事で忙《いそが》しい日々を送っている合間《あいま》に、またある人は老いを迎えたときに……と、その問いが心に浮かぶ時と場は人様々《さまざま》でしょう。そして中には、考えても分からないからとあきらめたり、「結局、人間は偶然《ぐうぜん》に生まれ、死んでゆくものなのだ」と自分に言い聞かせてきた方もいるのではないでしょうか。しかし、もう一度、その疑問を大切に心の中に蘇《よみがえ》らせてみていただきたいと思うのです。

私は、一人の人間がこの世に生を享《う》け、人生を歩むという当たり前の現実の中に、計《はか》り知れないほどの神秘《しんぴ》と不可思議《ふかしぎ》を感じずにはいられません。そして、何よりの神秘とは、たとえどのような人生でも、それが宇宙に一度しか立ち現れない一回生起《いっかいせいき》のかけがえのない人生であるということです。宇宙広しと言えども、自分とまったく同じ人生を歩む人は、誰もいない――。

それが、たとえ深い悲しみや苦しみの体験であれ、また喜びや感動の体験であれ、その人にしか引き受けられない現実があり、深く関わることのできない人々がいるということです。私は、その当然とも言える事実の中に、何とも言い表すことのできない尊《とうと》さを覚えます。そして、実はそこにこそ、人生の目的を見出す鍵《かぎ》が秘《ひ》められていると感じるのです。

人間には、その人だけが宇宙の中で引き受けるいのちの流れがあるということ。それを私は、「自業《じごう》」と呼んできました（六一頁参照）。それは、言い換《か》えれば、その人でなければ果たせない「はたらき」――人生の目的と使命があるということであり、その人でなければ咲《さ》かせることのできない花を抱いているということです。誰にもかけがえのない人生の目的がある。そして、人生で出会う、一つ一つの出来事や出会いの中に、その人にしか応《こた》えられない「人生の仕事」のかけらが、すでに含《ふく》まれているのです。

◎誰もが魂願《こんがん》とカルマ（業）を抱いて生まれてくる

人間は偶然生まれたものでも、偶然に支配されるものでもありません。人生には目的があり、魂は使命を抱いて生まれてきたのです。私たちは誰もが、永遠の生命である魂として、「魂願」と「カルマ」を抱いて生まれてきた存在です。「魂願」とは、永遠の生命として実現したい願いであり、「カルマ」とは、その願いを妨げ壊してしまう魂の歪《ひず》みとも言えるものです。そして、一つの人生が終わることと、次の人生が始まることは無関係ではありません。私は、過去世《かこせ》（過去の人生）と現世《げんせ》（現在の人生）、そして来世《らいせ》（次なる未来の人生）との間に横たわっているテーマとして次の四つが挙《あ》げられると考えてきました。

一、過去世において、「志半《こころざしなか》ば」に終わってしまった願いを果たすこと。

二、過去世において、逆縁《ぎゃくえん》となってしまった関係を「再結《さいけつ》」すること（逆縁とは、ここでは本来的ではない、捩《ねじ》れたり切れてしまった関係を言います。そして、そのような関係や、切れてしまった絆を結び直すことを「再結」と言います）。

三、魂に眠っているはたらきを新たに引き出し、魂の歪みを修復《しゅうふく》して、成長を果たすこと。

魂　願：魂の願い

カルマ：魂の歪《ひず》み

四、過去世において獲得《かくとく》した魂の力をもって、周囲の人々や場を「照《て》らす」こと。

私たちは誰もが、こうしたテーマを人生に秘《ひ》めて生きています。つまり、これらのテーマのうちのいずれかを、または幾《いく》つかを、魂の願い——人生の目的として抱いているということです。その願いには、共通願《きょうつうがん》と個性願《こせいがん》と呼ぶべきものがあります。共通願とは、カルマを修正して魂願を実現する——魂を深化成長《しんかせいちょう》（自己の確立）させて、新しい調和を世界に創造《そうぞう》する（世界の調和）という、すべての人にとって共通の願いです。そして個性願とは、一人ひとり異《こと》なっている具体的な転生《てんしょう》のテーマです。いかなる個性願も、すべてその根は「自己の確立」と「世界の調和」という共通願に根ざしていると言えます。

そして私たちの人生に次から次に訪《おとず》れる出来事は、一見偶然に降りかかってきたように見えて、実は、魂の願い——人生の目的という一すじの願いにつながれているものです。人生の目的が、四つのテーマとして私たちのもとに届いている——。そう考えてみるだけで、一日一日が決して平凡《へいぼん》な繰《く》り返しではなくなってくるのではないでしょうか。人生とは、一人ひとりにとって、願いを生きるための「呼びかけ」に満ち満ちている。あなたの人生の目的を発見し、実現してゆく鍵は、必ずあなたの人生の中に秘められているのです。

22

若さをどう生きるか？

青年は未来そのものである。一人ひとりの魂《たましい》には、すでに行くべき未来が刻《きざ》まれている。受発色《じゅはっしき》の鍛錬《たんれん》によって、あなたが世界を創《つく》ってゆくのだ。

◎失敗より逡巡《しゅんじゅん》を恐れよ

私は、この二十年余り、三十歳までの青年たちを対象とする「青年塾」という青年教育の場を設《もう》けて、講義やセミナーを定期的に続けてきました。そこでは、青年たちから様々な質問や相談を受けることになります。相談の多くは将来に関わることであり、自分の進路のことです。

「就職すべきか、進学すべきか」「どの職場を選ぶべきか」「仕事か、結婚か」……等々、自分の進路に関して皆深刻な悩みを抱《かか》えています。

しかし、青年たちと対話をしつつ、悩みの原因をよく聞いてゆくと、本人は真剣に悩んでいるつもりでも、実は傷つくことやぶつかることを恐れて、ただ逡巡《しゅんじゅん》しているだけということが少なくはありません。本当に何がしたいのか、自分の願いや意志が分からないために、失敗を恐れる気持ちの方が先に立って、未来に足を踏《ふ》み出すことをためらってしまっているのです。

そしてさらに、そうした悩みの背景には、現代の若者の中に根を降《お》ろしている、自分と社会に対するニヒリズム（虚無感《きょむかん》）の問題があることも見逃《みのが》すことのできないテーマです。時代という巨大な奔流《ほんりゅう》に対して、あまりにも卑小《ひしょう》な自分の現状。「このままでは何もできない」という無力感、絶望感……。この社会にはすでに堅牢《けんろう》で磐石《ばんじゃく》な体制ができていて、自分のような者がどんなに頑張《がんば》っても、そこに入り込むことすらできない。自分の力は微《び》小《しょう》なもので、その世界の中で十分な力を発揮《はっき》することなどできないのではないか。だから自分は、すでにでき上がったこの世界の中で、機械の歯車《はぐるま》のようにしか生きることができない……。そんなつぶやきが、青年たちの心の内から聞こえてくるのです。私はそうした青年たちには、このようにお答えしています。

「一瞬一瞬、がむしゃらに、心を尽《つ》くして生きてみてごらんなさい。そうすれば身体《からだ》が教えてくれるものがあります。人生にはそういう一時期があってもよいでしょう。怠惰《たいだ》に過ごしたことを後悔するよりは、自分を見出すことのできないことを恐れるべきです。失敗を恐れるよりは、逡巡を恐れることです」と。

◎青年は未来である

青年期の特徴《とくちょう》とは何でしょうか。それは、何と言っても未来という時間が与えられていることでしょう。すでに決まってしまって変えることのできない「過去」の重力よりも、まだどのようにでも変え得る未知数《みちすう》の「未来」の希望の方がずっと大きいということです。青年は未来そのものであると言えます。その青年たちが、逡巡の中にあってよいわけがありません。青年だから挑戦《ちょうせん》できること、冒険できることがあります。

ただし、希望はただ待っていても生まれるものではありません。私たちは与えられた時を使って、希望を生み出さなければなりません。

では、未来を本当に希望ある時とするには何が必要でしょうか。

それは、一人ひとりが、一瞬一瞬の未来をつくり出している「受発色力《じゅはつしきりょく》」（九七頁参照）を鍛《きた》えることであると思うのです。人生に訪《おとず》れる出会いや出来事の一つ一つを、どのように感じ、受けとめ、考え、いかなる行為に結んでゆくのか――。その受発色の堆積《たいせき》こそが、与えられた大切な「未来」の現実を生み出してゆく基《もとい》にほかなりません。

あるがままに世界を受けとめる鋭敏《えいびん》な感覚、豊かで深い感情、誤《あやま》った先入観や価値観から自由である明晰《めいせき》な思考力。人間にのみ与えられた創造《そうぞう》の権能《けんのう》を行使《こうし》できる力、真の人間力《りょく》ということでもあります。鍛《きた》えられた受発色力によって、一瞬一瞬、外界と内界をつなぎ続けてゆくことができたなら、一人ひとりが置かれているその場に山積《さんせき》する問題を解決《かいけつ》に導《みちび》くことも、新しい何かを創造することもできるでしょう。

青年塾で受発色力の育みということに最も力を注《そそ》いでいる理由もそこにあります。

世界はまだ完成されていません。どんなに堅牢に見える社会システムも、いずれは崩壊《ほうかい》、不随《ふずい》の定《さだめ》（六七頁参照）のままに、同じ状態ではいられない。それがこの世界の定です。そして、社会のどこにも、問題は山積しています。問題は誰も解決できなかったからこそ、問題として積み残しになってきているわけです。混沌《こんとん》とした事態を前にして、今、解決すべき問題は何かと見抜く力自体が受発色力です。例えば、会社である部署に配属《はいぞく》された青年が、その部署が抱える問題を見抜く力を持ち、さらにそれを解決する力を持っていたなら、そしてその部署が未来に生み出すべきものは何かを感受《かんじゅ》する力を持ち、それを具体的な形にする力を持っていたなら、その部署は希望に満ちた未来を創造することができるでしょう。

日本の近代の夜明けにおいても、青年が果たした役割は大きかったわけですが、二六〇年も続いた江戸時代があのような形で幕《まく》を閉じ、明治維新《めいじいしん》によって新しい時代へと転換してゆくことを当時、誰が想像し得たでしょうか。

明治維新の志士《しし》たちを育んだ吉田松陰《よしだしょういん》が、長州藩《ちょうしゅうはん》の藩校の教授として、家柄《いえがら》などの特権を廃《はい》して誰もが平等に学べるための意見書を提出したのは、十九歳のときでした。徳川慶《とくがわよし》喜《のぶ》が大政奉還《たいせいほうかん》を決意し、将軍職を辞職するという一大決意をしたときは、三十一歳でした。他にも維新という歴史の転換期にあって、重要な役割を果たした坂本龍馬《さかもとりょうま》や高杉晋作《たかすぎしんさく》も、さらに、明治という新しい時代の礎《いしずえ》となった桂小五郎《かつらこごろう》や大久保利通《おおくぼとしみち》、福沢諭吉《ふくざわゆきち》なども皆、幕末当時、二十代から三十代だったのです。

時代を変革し、未来を創造する鍵《かぎ》を、まさしく若者が握《にぎ》っていたわけです。

これより開かれる二十一世紀を創造するのは、青年たちにほかなりません。

ですから青年たちには、いつも自らに問いかけ、そしてその答えを探し続けていただきたいと思うのです。

「世界は私に何をせよと呼びかけているのか。私によって解決されることを待っている問題とはどのようなものか。私によって創造される未来とはどのような未来か」と。

一人ひとりの魂には自らの行くべきところ、開くべき未来がすでに刻まれています。答えは自らの内にあります。受発色力を磨《みが》き、ぜひあなただけに預《あず》けられたミッション（使命）を見出し、果たしていっていただきたいと願っています。

23 中高年をどう生きるか？

年経《へ》るほどに重くなる人生――。いつとは知れず、外から絶え間なく降りかかる要請《ようせい》に応《こた》えることで時は過ぎてはいないだろうか。今呼びかけられていることは、「アウトサイド・インの人生」から「インサイド・アウトの人生」へ。

◎時代の波頭《はとう》に立つ世代

私の知人の多くが――私自身も含《ふく》めて、四十代半ばを超える年齢になって、改めて、この年代の難《むずか》しさを考えるようになりました。

大きく時代が移り変わろうとしている中、とりわけ、三十代半ばから五十代の中高年世代の皆さんは、この時代の荒波《あらなみ》に揉《も》まれ揺《ゆ》れ動かされる運命にあります。

仕事を持っている人であれば、男女を問わず、責任ある立場に立たされ、とりわけ長引く不況《ふきょう》の昨今、業績の浮沈《ふちん》に一喜一憂《いっきいちゆう》しているのではないでしょうか。業績が上がらなければたちまち窓際《まどぎわ》に追いやられ、やがてはリストラの嵐《あらし》にさらされるというのが現実かもしれません。また中間管理職として、若い世代の部下にどう関わっていいのか分からずに戸惑《とまど》い、一方、上司に対しても頭が上がらない。まさに四面楚歌《しめんそか》の状況に追いやられていると感じている人も少なくないはずです。

家庭にあっても、子どもたちが進学や就職の季節を迎《むか》えて、経済的にも環境が激変《げきへん》することになります。子どもとのつながりに不安を抱《かか》えている人も多いでしょう。健康状態も不安定な時期です。女性ならば、更年期《こうねんき》を迎えて体調も悪く、気持ちの上でもどうしても落ち着かず、不安になりがちです。最近は、女性ばかりではなく男性にも更年期があることが明らかになり、全身の倦怠《けんたい》感やめまい、頭痛、動悸《どうき》といった原因の摑《つか》めない不定愁訴《ふていしゅうそ》は、この世代特有の悩みになっているというわけです。

もちろん、この世代の方々が皆同じような現実を抱えているわけではなく、それぞれの条件は異《こと》なるものです。ただその一方で、社会的にも時代の波頭に立ち、事態からの要請を次々に受け続けるこの世代の人々が、この世代を生きる上で、共通して考えなければならないことがあることも確かだと思うのです。

次から次に押し寄せる外からの要請に応えることで手いっぱいになり、自分の生き方を見失ってしまう――。そしてその影響《えいきょう》が身体《からだ》にも及び、過労《かろう》とストレスによる突然死が、四十代のサラリーマンに大変増えているとも言われます。また、懸命《けんめい》に取り組んできた仕事に失敗し、未来への希望を見失い、自殺さえ選択《せんたく》する人がこの世代に急増《きゅうぞう》しています。それらは皆、この世代に強く投げかけられている、「生き方自体を見つめよ」との呼びかけではないでしょうか。

◎アウトサイド・インからインサイド・アウトの人生へ

中高年世代が、今切実に問われていることがあるとしたら、それは、「人生の中心」ということだと私は思います。なぜなら、慌《あわ》ただしい時の流れの中で見失ってしまうものが、この「人生の中心」だからです。

「この人生で、一体何を大切にしたいと願っているのか」「私の志《こころざし》はどこに向かっているのか」……。こうした言葉には、何とも言えない面《おも》はゆさを感じる人もあるかもしれません。ただここでは少し我慢《がまん》していただきたいのです。立ち止まって、改めて、自分自身にそう問いかけてみていただきたいのです。

たとえ、私たちの中に、人生に対する願いや希望、志があったとしても、私たちが外からの要請や刺激《しげき》にばかり応えようとしていたらどうでしょう。私たちはその中心をしっかりと保《たも》つことができません。外からの刺激や力にたちまちかき消され、見失われてしまいます。外側からの要請や圧力が次々に私たちの内に入り込んで浸食《しんしょく》してくる「アウトサイド・インの人生」になっているからです。

「アウトサイド・インの人生」とは、外側（アウトサイド）から内（イン）へという生き方ということであり、常に、自分の外側に主導権《しゅどうけん》を握《にぎ》られている生き方です。刺激が来るとそれに反応し、要請に応えることだけで時が過ぎてゆく。自分の人生でありながら、自《みずか》らの人生の主人公であり得ない生き方です。

この「アウトサイド・インの人生」に対して、自分の内側にある目的や願い、そして志を中心とし、その中心から出発する生き方を、私は「インサイド・アウトの人生」と呼んでいます。内側（インサイド）から外（アウト）への人生は、外ではなく内に重心があり、主導権があります。ですから、外側からの要請がたとえどんなに強くても、自らの人生に対する主体性を失わず、その一つ一つを条件として引き受け、マイナスの条件でもそれを受けとめて、創造的な人生を築《きず》いてゆくことができるのです。

忙《いそが》しさを感じていればいるほど、私たちの人生は、「アウトサイド・インの人生」に傾《かたむ》きがちになります。立場や責任の重圧の中で、次から次へと襲《おそ》いかかってくる要請に応え

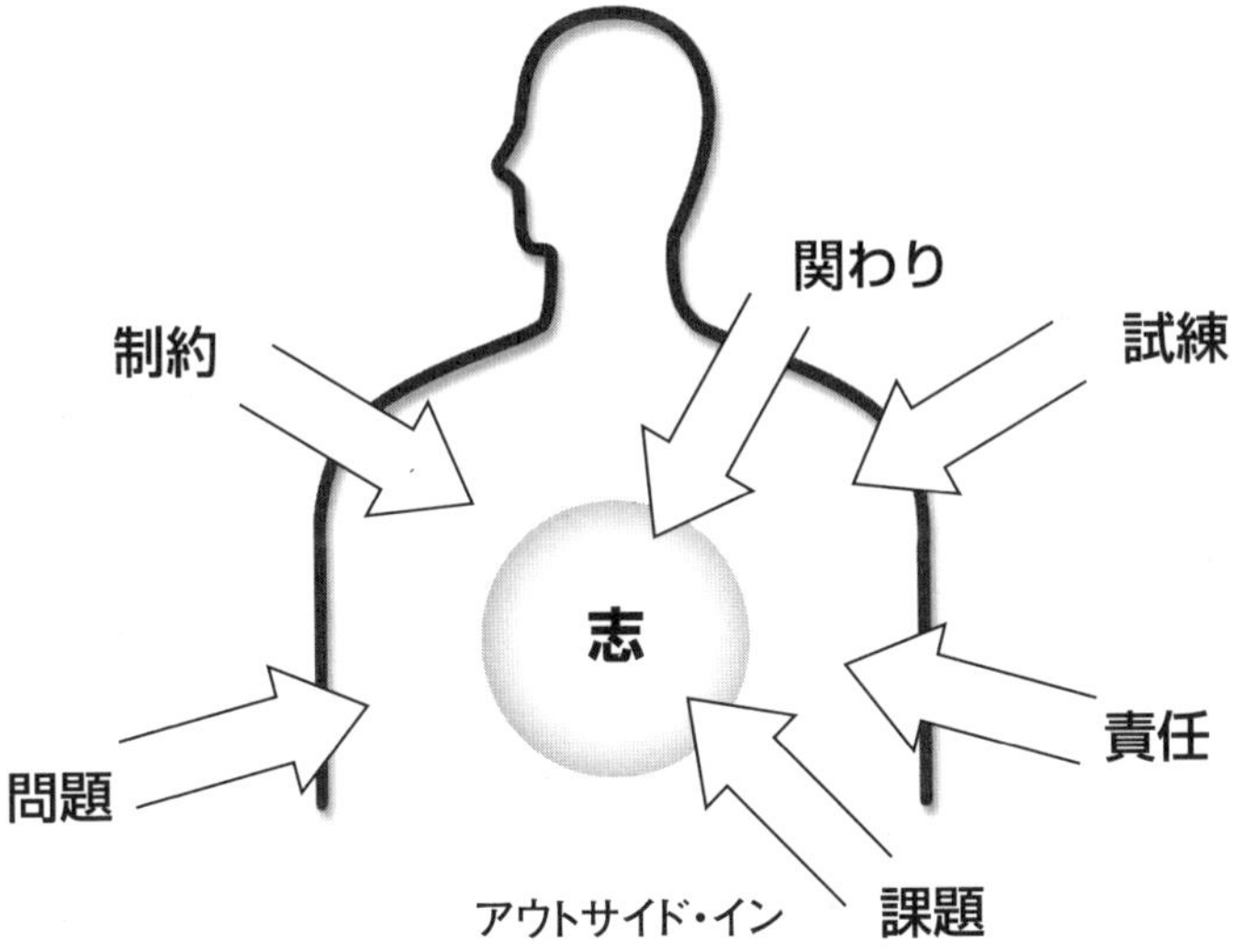
関わり
制約
試練
志
責任
問題
課題
アウトサイド・イン

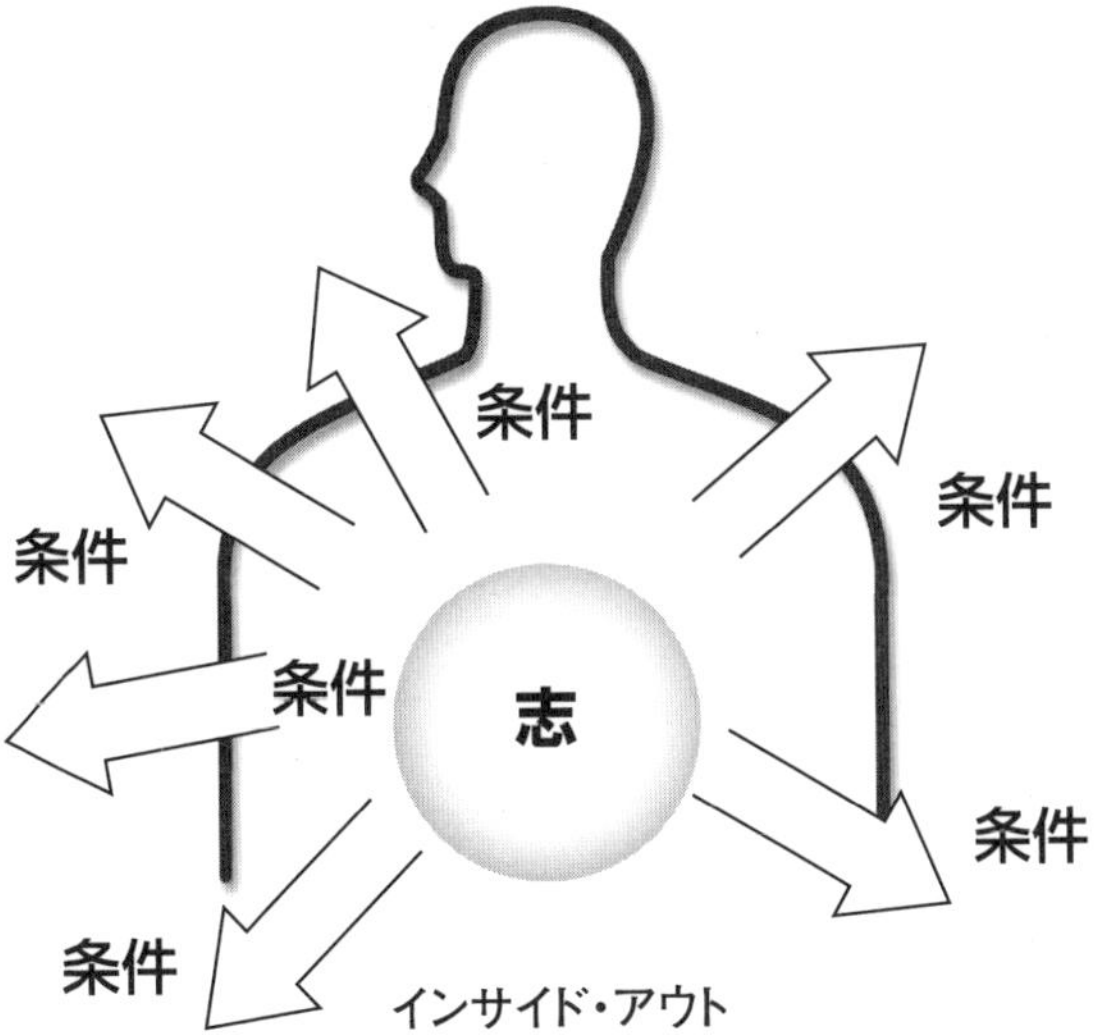
条件
条件
条件
条件
志
条件
条件
インサイド・アウト

なければならないとしたら、まさにその傾向の中にあるということです。また家庭でも、炊事《すいじ》・洗濯《せんたく》・掃除《そうじ》・育児……と、日々の要請に応えるだけで毎日が過ぎてゆくと感じていたら同じです。かつてない忙しさに応えているようで、実はその忙しさの中に埋没《まいぼつ》し、自分の内側に本当につながってゆく生き方ではなくなっている——。

それは、巷《ちまた》に溢《あふ》れる情報に自分を合わせがちな若い世代にとっても無縁《むえん》のことではないでしょう。現代は、普通にしていたら、「アウトサイド・インの人生」を生きてしまうようになっているのです。

◎自らの内なる声に耳を傾ける

それだけに、私たちに今呼びかけられているのは、「アウトサイド・インの人生」を脱《だつ》出《しゅつ》することです。まさに「アウトサイド・インの人生」から「インサイド・アウトの人生」へと転換することでしょう。

そして、そのために、私たちは心の声に、自分の内側に耳を傾ける必要があります。自分が本当はどう感じ、どう思っているのか。本当は何を求め、何を探しているのか。それを受けとめる——。そして何よりも、自分の本当の願いを見出すことが必要です。自然に社会の価値に適応することを第一に優先してきた人にとって、自分の中にある願いや目的を見出すことは容易なことではありません。外ばかりを見てきた人が、自分の内側を見つめることは大変なことだからです。

でも、それゆえにこそ、目を閉じて、あなたの中にある願いを探していただきたいのです。私たち自身の心の中にある目的をしっかりと感じていただきたいのです。この人生でどうしても果たさずにはいられない願いとは、私にとって、一体何なのだろうか。忘れることのできない志とは、一体どういうものだろうか……。

そんな確かなものはないと思われる方もこう考えてみて下さい。仕事に多くの時を費《つい》やしてきた人なら、それぞれの仕事の中で、何を大切にしてきたのでしょうか。何を守り、何を貫《つらぬ》いてきたのでしょうか。そこにあなたの人生の目的、願いが呼びかけられているかもしれません。家事に追われてきたという方ならば、その家事をしながら守っていたのは何でしたか。その家事に尽くしてきたのは、何のためだったのでしょう。そこに、私たちの目的と願い、そして志を指し示すヒントが隠《かく》れているはずです。

人は皆、永遠の旅路《たびじ》を歩む魂《たましい》の存在です。何も知らずに始まった人生ですが、永遠の生命観に立ったとき、誰《だれ》一人として、何の願いもなく人生を始めた人はいないことが分かります。誰もが望んで生まれてきたということです。いつしか、忘却《ぼうきゃく》の彼方《かなた》に追いやられ見失われたあなたの願いは、今もあなた自身の胸の内で、見出されることを待っているのです。

24

老いをどう生きるか？

老いは玄冬《げんとう》の季節とも言われる厳《きび》しい時代である。しかし同時に、他の季節にはない深く豊かな喜びを与えてくれる季節でもある。その老いの季節を私たちはどう受けとめ、どう生きることができるのだろうか。

◎「世界は美しい」と言った晩年《ばんねん》の釈尊《しゃくそん》

「老い」について考えようとするとき、私は、釈尊の歩みを心に思い浮かべます。ご承知のように、釈尊は仏教の開祖《かいそ》です。二五〇〇年前、インドの小国・釈迦《しゃか》族の王子に生まれながら、やがて一切を捨てて出家し、厳しい修行を経《へ》て、人間が抱《かか》える不安を解決《かいけつ》するための道を見出しました。その教えの核心《かくしん》は、人間の力ではどうすることもできない法則――諸行無常《しょぎょうむじょう》、諸法無我《しょほうむが》――の支配する現実世界のありようを理解し、あるがままに受《じゅ》容《よう》するとき、人々の心には涅槃寂静《ねはんじゃくじょう》（静かな安らぎ）の境地《きょうち》が訪《おとず》れるとするものです。

釈尊の晩年は、如何《いかん》ともし難《がた》いものを多く抱えた日々となりました。身近に歩みを共にした直弟子《じきでし》の多くを先に亡くし、従兄弟《いとこ》のデーヴァダッタを首謀者《しゅぼうしゃ》とする教団の混乱も収拾《しゅうしゅう》しなければなりませんでした。さらに追い打ちをかけるように、自《みずか》らの祖国が大国コーサラ国によって滅ぼされてしまうという悲劇を受けとめなければなりませんでした。

自らの説いた教えの通り、多くのものを失い奪《うば》われ、悲しみと痛みに満ちた季節――。釈尊自身もその悲哀《ひあい》と孤独に向き合い、「わが齢《よわい》は八十となった。例えば、古ぼけた車が革紐《かわひも》の助けによってやっと動いて行くように、恐らく私の車体も革紐の助けによってもっているのだ」と語っています。

しかしその釈尊が、最晩年、死の直前に残した言葉は、それとはまったく異《こと》なるものだったのです。

「この世は何と美しく、人間の命は何と甘美《かんび》なものだろう」

釈尊の心には、確かにそのように映《うつ》っていたということでしょう。現実の世界が抱《いだ》く厳しさと寂《さび》しさを嫌《いや》というほど噛《か》みしめつつも、その中で、否《いな》その中だからこそ、時に対して、人に対して、そして世界そのものに対して、優《やさ》しい愛情と滋味《じみ》豊かな態度で接することができる――。そこに秘められた、かけがえのない「いのち」に目覚めることができる。それこそ老いを生きる私たち、老いに向かう私たちへの、言葉を超えた指針であると思わずにはいられないのです。

◎老いは喪失《そうしつ》の季節か

今や時代は「高齢社会」と言われ、二〇一五年には、六十五歳以上の高齢者の人口が、二六パーセントに達すると言われます。四人に一人が高齢者と呼ばれる時代が間もなくやって来ることを考えても、「老いの季節をどう生きるか」というテーマと無関係である人は、皆無《かいむ》と言ってもよいでしょう。

確かに、老いの季節は、様々なものを私たちから奪い去ってゆきます。少し前までは夜遅くまで仕事をしていても平気だったのが、視力がおぼつかなくなり、疲れが蓄積《ちくせき》するようになって無理が利《き》かなくなる。よく分かっているはずのことでも、言葉がすぐに出てこなくなり、「物忘れが激しくなった」と家族からも言われる。ふと気がつくと何やら周囲のことにやけに怒りっぽくなり、頑固《がんこ》になっている。若い時代のみずみずしいエネルギーは衰《おとろ》え、中年世代のときに持っていた闘志《とうし》もいつの間にか消え失せてしまった……。そんな現実に気がつくとき、人は自らに老いの季節がやって来たことを切実《せつじつ》に感じ始めるのでしょう。

しかし、老いは、単に喪失の季節なのではありません。

◎老いとは、人生成熟《せいじゅく》のとき

老いの季節の中で私たちは、喜びも悲しみも成功も失敗も、これまでの人生で体験した一切を、さらに味わい深く受けとめることができます。善悪や好悪《こうお》といった相対《そうたい》の次元すら超えて、もう一度大切な意味を発見し、豊かな智慧《ちえ》に結晶化《けっしょうか》する、人生結実《けつじつ》の時を迎えるのです。それは本当のはたらき――「人生の仕事」を果たすときとも言えるものではないでしょうか。余生《よせい》を送るというだけにはとどまらない生き方です。これからようやく、「人生畢生《ひっせい》の仕事」を始めることができるということです。

かつて体験してきた無数の出会いと出来事を何度も何度も噛みしめ、反芻《はんすう》して、味わい尽くしてゆくときであり、バラバラだった出会いや出来事が、一本の意味の糸によって数珠《じゅず》のようにつながるのを発見するとき――。無意味な出会いはなく、人は出会いによって人となることを、一人ひとりが身をもって証《あか》すときでもあるでしょう。

そして、そのように老いの季節を生きて人生を終えていった多くの方に、私は出会ってきました。身体《からだ》が思い通りにならなくなっても、「ベッドの上でできることがある」と、お見舞いに来られる人や看護師さんを励《はげ》まし続けて、人生をまっとうした方。七十歳を超えて、今まで数十年にわたってこだわり続けてきた恨《うら》み心が晴れ、まるで人が変わったように、他人《ひと》のお世話に東奔西走《とうほんせいそう》された方……。人間の内に宿る崇高《すうこう》な光に、頭《こうべ》を垂《た》れ、手を合わさずにはいられない想いでした。

そうしたお一人お一人が、人間の魂《たましい》は最後の最後まで成長《せいちょう》し深化《しんか》し続けるということを、現実の姿をもって如実《にょじつ》に教えてくれたのです。それはまた、私たち人間がビッグクロスとの絆《きずな》を取り戻したとき、ここまで輝《かがや》いて生きることができるという姿でした。

◎永遠の生命に一番近い季節

多くの人にとって、「老い」の現実を受容《じゅよう》することが身を切るようにつらいのは、やはり、最終的に老いの向こうに人生の終焉《しゅうえん》である「死」が見えるからではないでしょうか。

これまで当たり前のように繰《く》り返してきた毎日の暮らしもやがて体験できなくなる。自分の存在すらなくなり、一切が無《む》に帰《き》してしまう。そのような虚無《きょむ》の淵《ふち》に沈《しず》むような不安が、根底に横たわっているからだと思います。それは突き詰《つ》めて言うならば、「死んだら終わり」という基本的な人間観が、私たちの中に厳然《げんぜん》としてあるということなのでしょう。

しかし、永遠の生命観に立つとき、私たちはその桎梏《しっこく》から解《と》き放《はな》たれます。人間は、永遠の生命として生き通しの人生を生きる存在。だから、「死んだら終わり」ではなく、「死は新たな生の始まり」である——。もしこの人間観を、概念《がいねん》としてではなく、徹頭徹《てっとうてつ》尾《び》、真実として受けとめることができたならば、あなたの老いに対する捉《とら》え方、ひいては人生に対する捉え方には、コペルニクス的転回《てんかい》とも言うべき決定的な変貌《へんぼう》が訪れるのではないでしょうか。

老いの季節は、次なる生に向かうために必要な智慧《ちえ》を集大成《しゅうたいせい》する準備の季節になるからです。老いとは、一つの人生を卒業し、新たな生を始めるプロセスであり、かけがえのない節目《ふしめ》なのです。

25
人間は死んだらどうなるか？

幼い頃から誰《だれ》もが一度は抱《いだ》いた疑問。人は死んだらどうなるのか。あなたは「死」に対する問いを忘れてはいないか。永遠の生命として、「死」を見つめるとき、私たちの「生」が見えてくる。

◎永遠の生命として「死」を考える

「武士道《ぶしどう》とは死ぬことと見つけたり」

これは、『葉隠《はがくれ》』の中の有名な一節です。わが国には、武士道に限らず、このように生きることと死ぬことを一つに受けとめる感性が伝統的に培《つちか》われてきました。道元禅師《どうげんぜんじ》の語る「生死《しょうじ》」という言葉にも、それと共通する響《ひび》きが感じられます。

しかしそうした伝統に反するように、現代人としての私たちは、「死」を遠ざけ、日常から切り離してしまっているというのが現実でしょう。やはり、「死」は忌《い》むべきものであって、退《しりぞ》けられて当然のものになっているのではないでしょうか。

そして、それとともに、想像以上に強いのは、死とともに一切がなくなる、例えば、心は脳の中にあって、肉体が滅《ほろ》べば必然的に心も消えてしまうという感覚です。

その証拠に、どうでしょうか。私たちは目に見えるもの、手で摑《つか》めて確認できるものを確かなものとして追い求め、目に見えないものは、無いものとして無視してしまいがちです。その結果、どうなるかと言えば、「今さえよければいい。人生一度きりなのだから、楽しいことだけいっぱいやって、後《あと》は野となれ山となれ」といった考え方が強くなる。「わが亡《な》き後に洪水《こうずい》よ来たれ」という言葉がありますが、未来を想定《そうてい》しないために、どうしても「そのときさえよければいい」と刹那《せつな》に流されることになっているのではないでしょうか。

しかし、人間の本質は、肉体が滅んだ後も生き続ける、あの世とこの世を生き通す永遠の生命です。肉体はこの地上に還《かえ》りますが、魂《たましい》はあの世へと還ってゆくのが真実なのです。私たちは永遠の生命として、転生輪廻《てんしょうりんね》を繰《く》り返しながら、深化成長《しんかせいちょう》を続けてゆく存在であるということです。そして実は、私たちは誰もが、心のどこかで永遠の生命という感覚を知っているのです。

確かなことは、永遠の生命観において、生と死は、まさに一つになって織《お》りなされてゆくということです。つまり、永遠の生命は、いつも「死」を生きている――。永遠の生命としての「死」への向かい方、そして「死」の生き方というものがあるのです。

◎死の体験について

誰もが死を避《さ》けて通ることはできません。人生で一度も体験したことのない、その死に対して、不安や恐怖を抱くのは当然のことと言えるでしょう。

私は、これまで、死に向かい合う多くの方の最期《さいご》を見守らせていただきました。そして、死に対して不安を抱かれる方々に、私は、その枕元《まくらもと》で、次のように語りかけてきました。

＊

人間は、誰もが必ず死を迎《むか》えます。一つの人生に一つの死があり、それは誰にも平等に来るものです。その死という人生の卒業式は、人生に一度きり――。そして、誰にも成《な》り代《か》わることのできないのが、死の体験です。

一度も体験したことがないために、「死」を恐れ、不安に思うのは当然でしょう。その上、私たちはこの世に生まれて以来、赤ちゃんの頃から、生存を脅《おびや》かされること、生命の危機に対して、強い恐怖心を抱いて生きてきているのです。だからこそ、想像以上に死を恐れる気持ちが強いのではないでしょうか。

でも、あなたがこの世界に、生まれて来たときのことを思ってみて下さい。想像してみて下さい。実は、あなたが生まれて来るときも、大変不安だったのです。しかし、立派《りっぱ》に生まれて来ることができたから、あなたは今ここにいる――。

お母さんのお腹《なか》の中から生まれるとき、あなたはその産道《さんどう》を通ってきました。産道はあなたをギューギューと押してくる。それは、つぶれるのではないかと思うほどの力です。また、それまで肺《はい》で呼吸することも試《ため》したことがありませんでした。未知の世界、未知の体験。やがて外から明るい光がやって来て、「おぎゃー」と言ったら、そこはこの世だった――。あなたは自分でその中に飛び込んでいったのです。

実は、死も同じことなのです。

死ぬことはあの世に生まれるということです。一瞬、暗くなるけれど、そこをすっと抜ければ、必ず明るい世界に往《ゆ》けるのです――。

＊

◎死の準備とともに

時には意識のない状態の方に語りかけることもありますが、たとえそのような状況でも、確かにその方の魂には私の想いが伝わり、受けとめられたことを感じてきました。死を迎えるときは、人生の中で最も時間の凝縮《ぎょうしゅく》するときでもあります。生の密度の高い時間です。それだけに、一瞬一瞬、どう触《ふ》れ合うか、何をお伝えするのか、祈りに誘《いざな》われながら、向かい合うひとときとなるのです。

そして私は、次なる世界への一歩を踏《ふ》み出していただくために、続けて次のようにお伝えしてきました。

＊

新しい世界で、必ず、あなたに語りかけてくれる光の存在がいます。慌《あわ》てないで、その存在が、導《みちび》き、教えてくれることをよく聞いて下さい。この世界に生まれて来たときに、あなたを多くの人が待っていたように、あの世に生まれるときもまた、光の存在があなたを待っているのです。

必ず、道はあります。そのことを信じて下さい。私たちが生まれて来たのが光の世界なら、還《かえ》るのも光の世界です。

＊

人間は、あの世からこの世に生まれ、あたかも季節が巡《めぐ》るように、少年期から、青年期、壮年《そうねん》期、実年期を経《へ》て、やがて年老いて、死を迎えることになります。したがって、死とは、永遠の生命である私たち人間にとって、一つの人生が終わってあの世へと旅立つ、まさに人生の卒業の時と言えるのです。そしてあの世に生きる時間を経て、またこの世に生まれ、新しい人生を送ることになる。死は、永遠の生命として、私たちが深化成長する一つの大切な通過点なのです。ですから私は、後悔があるならば、生きている今のうちに自らが変わり、心残りのないようにそのことを果たしておかれるようにと助言します。逆縁《ぎゃくえん》になって関わりが捻《ねじ》れてしまった方とは再び出会いの時を持ち、絆《きずな》を結び直されるように、自分の願いや志《こころざし》をどうしても伝え遺《のこ》しておきたい人たちには、その赤心《せきしん》を語られるようにとお伝えするのです。

この世で手に入れたお金も、建物も、地位も、名誉も、あの世には持って帰ることができません。次元を超えて携《たずさ》えてゆけるのは、魂に刻まれた願いと後悔であり、受信と発信の痕跡《こんせき》です。すなわち、魂に刻まれたネガの次元（精神世界）の足跡《そくせき》です。

ならば、そのネガの次元、心の受信・発信のはたらきを振り返り、それらを浄化《じょうか》する歩みを深めることです。例えば、自らを超えて他を助ける、我欲《がよく》を離れて他の方々に尽くす生き方を重ねてゆくならば、必ず身も心も軽くなり、魂もまた明るく軽い世界に上がってゆけるのです。

私は、実際にそう生きた多くの人々を見てきました。その姿はまさに美しく輝《かがや》き、逆に生きている私たちを励《はげ》まし、勇気づけてくれるものです。

26

死は永遠の別れなのか？

「死は永遠の別れ」と言われる。けれども本当にそうなのか。人は「死者」と共に生きることもできる。亡《な》くなった方とのつながりをより深くする生き方がある。

◎痛切《つうせつ》な別れにどう向き合うか

私たちの大きな関心が注《そそ》がれるようになった北朝鮮による拉致《らち》事件――。この事件は今なお、様々な痛みを増幅《ぞうふく》しながら本当の解決《かいけつ》を待っています。けれども、そのためにはまだ多くの時間を必要としています。

その経緯《けいい》の中に、忘れることができない印象的な一言がありました。その言葉を憶《おぼ》えていらっしゃる方もあるでしょう。五人の帰国者の方々が環境の急激な変化に戸惑《とまど》いながら、夫や子どもたちが残る北朝鮮に帰ることを断念《だんねん》されたとき、決断の理由について、その中のお一人がこう語ったと伝えられました。「故郷《ふるさと》の懐《ふところ》に抱《いだ》かれたと言いますか、私が親にとって何であるのか。故郷に戻ってきて親と一緒《いっしょ》にいて、親にとって自分は命以上のものであると感じました」

拉致の被害者となったご家族の間に流れる想いの痛切さを言葉に表すことは困難です。引き裂《さ》かれた家族の想いがどれほどの痛みを抱《かか》えるものなのか、改めて私はこの事件の残《ざん》酷《こく》さ・非道《ひどう》さと、その解決を願うご家族の非痛《ひつう》な祈りを感じないわけにはゆきませんでした。そして、別れに直面する家族の痛みに、広く想いを馳《は》せました。

◎死は永遠の別れではない

たとえどんな理由があっても、家族が引き裂《さ》かれることの痛みは深いものです。ましてそれが二度とまみえることができない別れであるとしたら、それは想像を絶するものとなるでしょう。

病《やまい》や事故で、わが子を失った両親の悲しみ、あるいは最愛の伴侶《はんりょ》を亡くしたときの痛みには、表現できないほどの苦悩と孤独を伴《ともな》います。愛する人を失った悲しみと苦しみは、私たちの心に癒《いや》されざる空洞《くうどう》を穿《うが》つものとなります。もう自分自身を、あるがままのその人の存在の前に置くことができないという空洞感が、もちろんその痛みの中心にあります。

しかし、一層その痛みを強めている背景には、現代を生きる私たちの中で自然になっている虚無感《きょむかん》があるのではないでしょうか。死の先は無《む》でしかない。人間は「死んだら終わり」という人間観です。それはごく当たり前の感覚のように思えるでしょう。

けれども、本当でしょうか。死の先は、一切の虚無でしょうか。死によって、その人の存在のすべてが消滅《しょうめつ》してしまうと本当に私たちは思っているのでしょうか――。実は、単純にそうとは思い切れない、割り切れない何かがあるからこそ、苦しみと悲しみが癒されないのではないでしょうか。

人間は、決して「死んだら終わり」ではありません。人間の本質は、魂《たましい》であり、永遠の生命として生き続けている。人の死は、それがどういう形であれ、実は、あの世への誕生にほかならないのです。その意味で、死は、私たちにとって決して永遠の別れを意味するものではありません。

これまでのように、傍《かたわら》に身を置き合うことはできないかもしれない。これまでのように、言葉を交わすことはできないかもしれない。しかし、虚無ではありません。大切なことは、関わり方が変わるということ――。今は肉体を持たず、あの世の魂として生きるその方と、今、そしてこれから、どのように心を通わせ、どのように関わり、どのように生きるかということなのです。

◎亡き人を弔《とむら》う（供養《くよう》する）ことの意味

昔から、亡くなった方を弔うための供養という営《いとな》みがあります。私たちにとって馴染《なじ》み深いのは、お盆《ぼん》という風習ですが、それはすでに習慣化し、形骸化《けいがいか》していると言えるものです。

供養とは、もともと敬《うやま》いの心をもって三宝《さんぽう》（仏《ぶっ》・法《ぽう》・僧《そう》）、父母、祖先、師などに対して、飲食物や香《こう》や花、灯明《とうみょう》、財物などを供《そな》えることを指したものです。その基《もとい》にある心は、尊敬であり、感謝であり、大切に思う愛の心です。

つまり、供養の本質は、尊敬と感謝、そして愛の想い——。そこから生まれる魂との対話なのです。

どんな人も、永遠の生命を抱《いだ》いて、あの世とこの世を往還《おうかん》してきた魂の修行者《しゅぎょうしゃ》です。様々な人生の条件を背負ってのその道のりは、比べようのない唯一《ゆいいつ》のかけがえのなさを抱いています。

あなたが人生を分かち合った、その方の魂の歩みを思い出すこと。その魂の足跡《そくせき》に想いを向けること。その歩みを具体的に辿《たど》ること。その一つ一つが供養の実際であり、魂を尊敬し、畏敬《いけい》する想いこそが、供養の基となるでしょう。

そして供養とは、人生を終え、あの世に旅立っていった死者の冥福《めいふく》を祈ることです。この世に生きる私たちが、かつて十分に関わりを結び切れなかったり、逆縁《ぎゃくえん》（捩《ねじ》れた関係）になったまま他界《たかい》していった肉親や知人への想いを改めて解きほぐし、あるいは、後悔やこだわりを残して逝《い》った故人の想いを受けとめ、癒してゆく歩みのことです。先立った愛する人が、今どのような気持ちでこの世に生きる私たちのことを思い、どのように生きてほしいと願っているのか——その想いを受けとめ、そのまごころに応《こた》えて生きることでもあるのです。

供養の目的は、一言で言うならば、そうした「絆《きずな》の再結《さいけつ》（再び結び直すこと）」と互いの「魂の成長、成熟」にあると言えます。それゆえに、その霊に対して供《そな》えるべきは、何よりも、私たちの愛念《あいねん》に満たされた温かい心であるということを忘れないでいただきたいのです。

◎共に生きるという供養の本質

この世は、あの世から見れば、芝居《しばい》の舞台《ぶたい》のようなものであると思って下さい。「あの世」という客席からは、スポットライトを浴びたこの世の人々がはっきりと見えます。亡くなった方々は、皆この世界にとても関心を持っています。とりわけ、生前親しかった方々や身内の方々に対しては、強い関心を寄せています。

だからこそ、生きている私たちが、今も亡き魂と共にあるのだと思うことが、その魂にとってどれほどの心強さ、どれほどの喜びとなるでしょうか。私たちが、旅立った魂のことを考えたり、その魂に心を込めて語りかけたりするならば、まして自分の人生や心を眺《なが》め反芻《はんすう》し、気づいたことや感じたことを伝えようとするならば、それは必ずあの世に生きる方にも通じ、その心が変わってゆく縁となります。

言葉を換《か》えれば、私たちが人間として深化成長《しんかせいちょう》してゆくことが、そのまま、あの世の魂にとっての癒しとなり喜びとなるのです。そのように、供養とは、供養する側とされる側の「あいだ」で成就《じょうじゅ》されるものであり、見える世界と見えない世界とが響働《きょうどう》する（共に響《ひび》き合い、はたらき合う）ことによって、初めて成り立つものなのです。

ですから、供養の本質は、心の次元において、何より私たちと亡き方々との絆をいかに再生させるかということが重要となります。その歩みの中で、見えない世界と見える世界の境界《きょうかい》が、心の中で次第《しだい》に揺《ゆ》らぎ始め融《と》け出して、あの世とこの世が切り離されたものでなく、ひとつながりであるように実感できるようになってゆくことでしょう。

死によって、人と人との絆は、決して断《た》たれるものではなく、私たちは永遠の生命として、あの世とこの世で響き合いながら、互いに歩みを深め、成長してゆくことができるのです。

27 宗教について考えたことがあるだろうか？

宗教の必要性が説かれながら、懸念《けねん》も根強く人々の心を覆《おお》っている。深い宗教性とは無縁《むえん》に現実の人生を送っている人も少なくない。では、私たちにとって宗教とは本当に必要のないものなのだろうか。

◎宗教は人間を縛《しば》るものか

あなたは、あなた自身の人生や生き方を宗教的な次元から考えたことがあるでしょうか。そんなことは考えたことはないし、特段《とくだん》必要とも思えない――。そう考える人も少なくないかもしれません。

実際、多くの人が、宗教について、あるいは人生が抱《いだ》いている宗教的な次元に対して、正面から向かい合うことなどほとんどないままに時を送っているのが現実でしょう。

かつて日本人が海外に行って、現地の人と日常の関わりが生まれるほど親しくなると、「あなたの宗教は何ですか」とよく聞かれたそうです。そして日本人が自然な感覚で「無宗教です」と答えると、海外の方たちは奇妙《きみょう》なものを見るような表情になったというのです。それは「生きる以上、どうして宗教なしに生きられるのか」という、現地の人たちの素朴《そぼく》な疑問だったのだと思います。

それでも、最近は欧米でも無宗教であると言う人が少なくないようです。キリスト教会に独善性《どくぜんせい》や閉鎖性《へいさせい》を感じて敬遠《けいえん》する若い人たちが少なくないと聞きます。宗教は人間を束縛《そくばく》するという懸念を感じているからと言えるかもしれません。そしてそれはわが国の若者にも共通する感じ方ではないでしょうか。

◎宗教性と無縁《むえん》に生きることはできない

しかし、仮に無宗教ではあっても、宗教的な次元や宗教性と無縁に人生を生きることはできないと私は思うのです。

例えば、人間の「生まれ」について――。生まれた時代、場所、家柄《いえがら》、家族……。こうした人生の条件を、私たちは自分ではどうすることもできません。気がついたときには、他の誰《だれ》でもない自分になっています。決定的な条件としてすでに与えられているものです。望ましい条件ばかりとは限りません。ましてやすべてが望ましいという人など皆無《かいむ》でしょう。人生の条件は、多くの人には重荷《おもに》として与えられるものです。そしてその中の少なからぬ人にとっては、真っすぐに生きてゆくことを困難にさせるほどの制約になってしまう――。そうした重荷を背負わされたとき、どう受けとめればよいのでしょうか。

それは「生まれ」のことだけではありません。若さの中で体験する様々な喪失《そうしつ》、勉学の失敗、失恋、さらには両親が離婚する、あるいは親が病《やまい》で亡くなったり、事故で亡くなったりする……。逆に、自《みずか》らが親になったとき、子どもが障害《しょうがい》を抱《かか》えて生まれてきた。また愛するわが子を亡くす。大切に育ててきた子どもと心を通わせることができなくなり、その子が暴力を振《ふ》るうようになってしまった……。あるいは勤め先でのリストラや会社の倒産などもそうかもしれません。そうした断絶《だんぜつ》の現実に直面したときどうするのか――。

私たちが当然のように生き、暮らしてきた日々の中で、突然、その日常を揺《ゆ》るがすようなことがあります。自分の理解を超えた受けとめ難《がた》い苦難が降りかかったり、喪失《そうしつ》がもたらされたりすることがあります。それは特別な人生ではなく、どの人生にもあることです。いかなる人生も避《さ》けられないものです。そしてそうした困難や苦境《くきょう》、喪失の多くは、何とか転換しようとしてもどうにもならないものであるということです。

あるいはすべてに満たされているような現実の中で、空《むな》しい想いに支配されてゆくという場合もあります。事業がうまくいっていても、家族が仲良くても、心にポッカリと穴があいたような気持ちになる……。

そのようなときに、「なぜなのか?」という疑問が湧《わ》き起こります。「なぜ、この家なのか?」「なぜ、私がここに生まれたのか?」「なぜ、こんなことが起こるのか?」「なぜ、私に起きなければならなかったのか?」「なぜ?」「なぜ?」……魂《たましい》の中から突き上げてくる問いかけです。

そしてまさにそのときこそ、その自らの魂の問いに答えるために、宗教的な次元が絶対に必要なのです。逆に言えば、そうした「なぜ?」を心深く受けとめて、内面から新しい道を開いてゆくことこそが、本当の宗教性、宗教的な生き方にほかならないと思うのです。

◎宗教のはたらきは高次元との接触《せっしょく》

そもそも宗教の持っているはたらき、意義、そしてその本質(いのち)とはどのようなものなのでしょうか。

人間は三次元の世界に生きていると言われます。物の形があって、体積《たいせき》がある、つまり、物が立体的に見える世界です。そこに存在するもの同士の間には、距離や広がりがあり、順序や時間の流れがあります。私たちの経験、生き方やものの見方考え方は、その原則に必ず基《もと》づいているものです。

けれども、その三次元を超えた高次の世界には、私たちにとって当然となっている時間・空間の感覚とは異《こと》なった関係が存在しています。

その高次の世界からこの三次元の世界を見たとしたらどうでしょう。私たちは、今まで見たこともない新しい世界の姿と出会うことになるのではないでしょうか。人と人の関わり、遭遇《そうぐう》する出来事の密度、出会いとの距離……それらは皆、一変《いっぺん》するはずです。出会いや出来事は皆、異なった意味の光を放つことになるでしょう。三次元の世界で生じていた理解し難い出来事も、受けとめ難い現実も、本当の姿とその意味がもっと広がりと深さをもって見えてくるのです。

本書でお伝えしているビッグクロスの次元との再結《さいけつ》（絆《きずな》を結び直すこと）――。私たち人間が自分を超える大いなる存在との確かな絆を結び、永遠の生命としての絆を恢復《かいふく》するという経験も、もちろん、この高次元との接触にほかなりません。世界と一体となり、永遠の生命の感覚を取り戻《もど》した魂は、それまでとは不連続な現実を生きてゆくことになりま す。こうした経験をもたらす高次の世界との接触が、本来宗教が抱いているはたらきです。

これまで歴史上に足跡《そくせき》を残した宗教的な存在、例えば、釈尊《しゃくそん》やイエスは、その高次の次元、高次の世界と接触した存在です。その経験から流れ込んだ新しい世界の姿、その認識と感覚に基づいて、釈尊もイエスも新しい人間の生き方を示しました。

人間の尊《とうと》さは、それまでの時代の中では当然で揺《ゆ》らぐことのなかった身分制度――バラモン（司祭者《しさいしゃ》）は尊くシュードラ（隷属民《れいぞくみん》）は卑《いや》しい存在――によるのではなく、その人の想いと行為にこそよると示した釈尊。神の愛は信仰を持つ者だけでなく、異教徒《いきょうと》を含《ふく》めたあらゆる存在に及ぶと示し、信仰の義《ぎ》は、身分や貢《みつ》ぎ物の額《がく》ではなく、自らを空《むな》しくした祈りにあると言ったイエス。それらはいずれも目の覚めるような真実であったと同時に、当時の人々にとって大きな衝撃《しょうげき》でした。

高次の世界との接触は、私たちの世界に動揺《どうよう》をもたらすということです。これまで安定していた秩序《ちつじょ》を乱し壊《こわ》すことにもつながります。それまで、当然とされてきた約束事《やくそくごと》や規則を覆《くつがえ》すようなことが起こります。それまでの安定を打ち破って旧来《きゅうらい》の生き方や価値観を揺るがす新しい高次の認識を与えてくれるものなのです。

それはまた、宗教に既成《きせい》の世界観、価値観との衝突《しょうとつ》という側面がどうしても避《さ》けられない理由でもあります。一人ひとりの側から考えると、信仰という問題に突き当たります。

常識や理解を超える部分を孕《はら》んだ宗教は、その新しい世界に自分の身を委《ゆだ》ねるという一歩を必要としているからです。

三次元の世界、社会的な約束事で分かり合える世界で生きてきた私たちにとって、その約束事を超える世界の存在は、耐《た》え難い苦悩や悲しみを癒《いや》してくれる一方で、それまでの安定を壊《こわ》すものでもあるのです。それだけに宗教とのつき合い方は、よく見極《みきわ》める必要があるのです。

◎宗教が果たさなければならない責任

今日、宗教に対する懸念が多くの人々の中にあるという事実は、そうなるにはなるだけの理由があったことを示しています。宗教というものが往々《おうおう》にして抱えてきた欺瞞性《ぎまんせい》など、そうした状況を助長《じょちょう》する原因があったと思います。伝統宗教の多くは現実との対話を置き忘れ、人々の具体的な要請《ようせい》に応《こた》えられない面があります。一方、歴史の浅い宗教の中には、組織的な拘束力《こうそくりょく》をもって不自由さや偏狭《へんきょう》さをもたらしたり、現実的な価値を強調するあまり宗教性を見失ってしまっているものも少なくありません。

こうした状況に対して、宗教の側は、何よりも、揺れ動く時代の中ですべてを受けとめて生きてゆくことができる道を示す責任があります。そして組織の力を誇示《こじ》するのではなく、一人ひとりの信仰に基づいた生き方が新しい現実を確かに生み出してゆくことを、実践的に知らせる必要があるでしょう。宗教的な次元に触れて生きるとき、心境《しんきょう》が深まり、現実が本当に深化《しんか》することを、誰もが納得する形で示さなければならないと思います。

私たちの人生が、深く生きられるためには、宗教的次元が不可欠《ふかけつ》であること、私たちの社会が新しい現実を創出《そうしゅつ》してゆくために、その中心として、宗教的な次元――ビッグクロスの次元が必要であることは、決して変わらないことだと思うのです。

現代社会に生きるからこそ、魂が求めている宗教性について、ぜひ、あなた自身の内なる心の声を聞いていただきたいと思います。揺るぎない中心軸を抱いてこの時代を生き抜くために、魂の声に耳を傾《かたむ》けていただきたいと思います。それは、私たちが取り戻すべき、存在としての根《ね》の次元、世界の根の次元を見出す一歩にほかならないのです。

28

逆境・失意のときをどう受けとめるか？

誰《だれ》にもうまくゆかないときはある。誰にも失意のときはある。けれども、それをどう受けとめるか。それが未来を創《つく》る。

◎大きな痛みを抱《かか》えている人へ

あなたは今、耐《た》え難《がた》い痛みを抱えているかもしれません。愛する家族との死別、大切な人との別れ、仕事上の取り返しのつかない失敗、長い間尽《つ》くしてきた会社からのリストラ、信じていた友人の裏切り……。これだけはあってほしくないと思ってきた現実が、突然、目の前に現れてしまったという人もあるでしょう。

あなたの心が感じている重荷《おもに》――暗く先の見えないトンネルが目の前に果てしなく続いている。行く手に重く閉じた扉《とびら》がのしかかってきてあなたを押し潰《つぶ》そうとしている。すべての道が失われてしまったかのように地面は抉《えぐ》れ損《そこ》なわれている。あなたの柔《やわ》らかい心から今も赤い血が流れ続けていて、それをとどめることができないでいる……。

もしあなたがそんな重荷を感じているとしたら、その痛みのことを、今一度誰かに話をするように自分の心に深く語りかけて下さい。十分に分かっているつもりでも、そのつらさや悲しみを声に出して、あなたの中のもう一人の自分に話しかけて下さい。あなたの中には、どんな現実をも受けとめてきたもう一人のあなたが本当に存在しているからです。

荒れ狂う海――。嵐《あらし》になって海面がどんなに時化《しけ》て大波がうねっていたとしても、海底近くは、静かで変わらぬ落ち着きを保《たも》っています。その静かな海があなたの中にもあるのです。

大切なことは、この世界に生きる以上、何が起こっても不思議はないと受けとめることではないでしょうか。どんな失望も、損害も、挫折《ざせつ》も、危機も、あり得ないとは言えない――。どんなに努力していても、そうした人生の痛みを避《さ》けられないことがある――。

そして、私たちは苦しいときに多くを学ぶという事実があります。苦境《くきょう》の中から新しい生き方を見出します。それは、人間の歴史が示す教訓《きょうくん》です。私は、これまで様々な分野で活躍《かつやく》される多くの方との出会いに恵《めぐ》まれてきました。その経験が教えることも同じでした。社会の中で、重きをなす方、中心になってはたらくことができる人は、やはり、多く苦しんできた方だと思うのです。

今、痛みを抱え、苦しみの中にある方には、ぜひその事実に目を開いていただきたいのです。

◎「痛みは呼びかけ」という生き方

人生を自分の力で切り開いてきたと自負《じふ》する人ほど、痛みを抱えたとき、それを何とか一人で解決《かいけつ》しなければならないと思うものです。誰の手も借《か》りず、誰に助けを求めることもなく、これまでと同じように、それを取り除く――。あなたはそう乗り越えてきたし、これからもそうしなければならず、その痛みに耐えて歩き続けなければならないと考えているはずです。

自分を叱咤《しった》し、逆境を克服《こくふく》する。目前の敵と闘《たたか》い勝利する。それが大切な気構《きがま》えであることは間違いありません。

しかし、それだけではありません。

前に進むことだけが求められているわけではなく、ときには立ち止まって後ろを振り返ることが必要なこともあります。そして深く見つめることが求められることもあるでしょう。誰かに助けを求めたり、重過ぎるなら一旦荷《いったんに》を置くことも許されます。大変なら少し休んでもよいのです。そして、心を整え、英気《えいき》を養《やしな》って、再び立ち上がればよいのです。困窮《こんきゅう》する事態の中で、何をどうすればいいのか、迷っている人もあるでしょう。ならばよく心を落ち着けることです。慌《あわ》てず動転《どうてん》することなく現実を受けとめましょう。この事態が、あなたの未来にとって最善《さいぜん》の始まりとなるようにすることが何よりも大切です。

そしてだからこそ、こう考えていただきたいのです。今抱えている事態には新しい明日に向かう「呼びかけ」が響《ひび》いているのだと。今、訪《おとず》れている痛みは、それそのものである以上に、何かを呼びかけているということです。新しい生き方を、あるいは新しい始まりを、あるいはこれまでの生き方との訣別《けつべつ》を、捨て切れなかった願望の断念《だんねん》を——。

◎痛みの根本的意味

身に迫《せま》る圧迫《あっぱく》、身を引き裂《さ》かれるような迷い、人間が抱えざるを得ない「痛み」とは一体何なのでしょうか。

痛みは、人間を守るものです。身体《からだ》が傷ついたとき、私たちは痛みを覚えます。生命に危機が生じたとき、耐え難い痛みを感じるようにできています。もし、痛みを感じなければば、人はその危機的な状況を察知《さっち》することもできず、病《やまい》を知ることもできないでしょう。そして身体がボロボロになるまで、人はあちこちにぶつかり、身体中に取り返しのつかないほど深い傷を負うことになるでしょう。どんな傷をつくっても痛みがないからです。だから、そのことを顧《かえり》みることもできません。すなわち、早晩《そうばん》生きることすら難《むずか》しくなるのです。痛いから避ける。痛いから慎重《しんちょう》になる。痛いから重大であることが分かる。つまり、痛みはいのちの一大事《いちだいじ》を知らせてくれるものです。

精神的な痛みは、私たちの心が安定の状態にないことを教えています。と同時に、私たちが軸《じく》にすべきことを見失い、本当に大切にしたいことを大切にできない状態であることを知らせています。もちろん、それは苦しくつらいものですが、その痛みがあるからこそ、私たちは自分自身の本心を探し、守ることを促《うなが》されるのです。

社会的な痛みは、私たちが人と人の結びつきの中で生きていることを教えてくれます。人々の関わりの中で自分が果たせていないはたらきがあることを問いかけています。

そして、人間にはもう一つ、霊的《れいてき》な痛みがあります。物質的には満たされてもなお満たされない心の空洞《くうどう》や、死によってすべてがなくなることへの恐れ、あるいは目的を見失ったことへの焦りといった形で現れるものです。このような霊的な痛みであれば、それは、その人の根本的な存在意義を思い出すことを問うていることになります。

つまり、痛みを抱えているあなたは、「このままではいけない！」という呼びかけを受けているのです。健康状態について、精神的状態について、社会的状態について、存在の状態について……。その呼びかけの声をできる限り深く耳を傾《かたむ》けて聴いて下さい。

あなたは、これまで知らなかった新しい生き方を始めるときに来ているのかもしれません。新しいライフスタイル、新しい立場、新しい人との関わりなど、あなたは今何か思い出さなければならないことがあるのです。あなたには何か新しく始めなければならないことがあるのです。

さあ、あなたにどうすることが求められているのでしょうか。じっと、耳を傾けることが今のあなたには何よりも必要なのです。世界はあなたに何かを語りかけているはずです。世界は沈黙《ちんもく》するものではありません。ずっとあなたに語りかけていたのです。

29

人間の成長《せいちょう》とはどういうものか？

肉体の成長は二十歳を過ぎるとほぼ飽和《ほうわ》に達する。しかし、人の生き方の成長は、生涯《しょうがい》続いてゆく。限りない人間の成長の核心《かくしん》とは、受発色《じゅはっしき》の成長にほかならない。

◎何が成長なのか

毎年七月から八月にかけて、私は八ヵ岳山麓《さんろく》で開催される子どもたちのセミナーに参加します。地下水流を湛《たた》えた山麓は、東京・新宿から中央本線の特急で約二時間の道のりです。足元には縄文《じょうもん》文化の遺跡《いせき》を擁《よう》し、東に現代文明の大都会と対峙《たいじ》する……。人間の歴史の総体と向かい合うように位置するこの地で、豊かな自然環境とともに、セミナーは開かれます。

このセミナーは、一貫《いっかん》して、私たち人間にとって、「生きる」ということは一体いかなることなのかを問いかけます。そして、その問いを見つめ考え、そして体験することを目的としたものです。セミナーでは小学生、中学生が参加者の中心となり、高校生、大学生は参加者の面倒《めんどう》を見る側になって、学び合うのです。

わずか三日間のセミナーですが、子どもたちの姿は、みるみる変化してゆきます。生命が抱《いだ》いているみずみずしさ、たくましさ、優《やさ》しさ、エネルギー。それらが一人ひとりの中に甦《よみがえ》ってくるのを見るのは、本当に嬉《うれ》しいことです。

成長――。それは生命にとって、必然の時間的な変化。私たちは人間が時間とともに成長し、そして衰退《すいたい》することを知っています。幼少期は、特に身体的に大きく成長を果たす時期であり、成人後、老いを迎《むか》えると身体《からだ》は様々な意味で衰《おとろ》えてゆきます。つまり、成長とは、生命の若年期に限って許された発展であると捉《とら》えられていると言ってよいでしょう。

人間の生命が最も大きな身体的成長を果たすのは、母親の胎内《たいない》においてです。人は母親の胎内で受精《じゅせい》してから十月十日の間、わずか〇・一ミリの受精卵《らん》から始まり、平均身長およそ五〇センチ、体重およそ三〇〇〇グラムの嬰児《みどりご》として生まれ落ちるまで、成長し続けます。つまり、わずか十カ月の間に数千倍にも及ぶ成長を果たすのです。

そして、その期間に生じていることはさらに驚くべきことです。たった一つの細胞から始まって、何度も細胞分裂《ぶんれつ》を繰《く》り返しながら、心臓が鼓動《こどう》を始め、内臓諸器官が形成されてゆく。やがて五感の発達とともに脳が働き始めると、胎内で指しゃぶりをしたり、身体を活発に動かし、様々な感情表現も始めるようになります。それは、あたかも生命の全進《ぜんしん》化《か》を経験する過程とも言われているものです。

けれども、人間の成長とはそれだけではありません。これらの事実だけでは人間の成長は矮小化《わいしょうか》されたものになってしまうでしょう。私は、多くの方々に接する機会を重ねて、人間の成長の神髄《しんずい》がもっと別のところにあることを確信するに至りました。

◎受発色《じゅはっしき》の深化こそ人間の成長

では一体、人間の成長の神髄とはいかなるものなのでしょうか。

私は、人間自身が変わること、人間の感じ方、考え方、行動の仕方が深まり、豊かになることこそ、人間の成長の神髄だと考えます。それは、実際に同じ人の中からまったく別人が生まれるほどの驚くべき変貌《へんぼう》であり、成長と言えるものです。

この成長を説明するためには、「受発色」という言葉が必要です。受発色とは、私たちが日々繰《く》り返している物事を感じ・受けとめる「受信」（受《じゅ》）のはたらき、思い考え判断して、行動する「発信」（発《はっ》）のはたらき、そしてそこから生まれる「現実」（色《しき》）のことで、受発色→受発色→受発色……と日々繰り返されているものです。人間のすべての営《いとな》みがこの受発色から生まれ、受発色に包含《ほうがん》されています（一〇八頁参照）。

この受発色は三つの「ち（血、地、知）」という人生の条件によって大きく束縛《そくばく》されることになります。両親から受け継《つ》ぐ「血」。家族の関係の中で、引き受けることになる世界の感じ方、物事の見方や考え方のことです。地域や土地柄《がら》から引き受けることになる「地」。その地域で前提となっている常識、風習のことです。そして時代から流れ込んでくる「知」。ある特定の時代を覆《おお》っている知識、情報、価値観とも言えるものです（三一頁参照）。

私たち人間の一切の現実を生み出す受発色が変わること、受発色の深化《しんか》こそ、人間の成長として大切なものです。

◎受発色は成長し続ける

そして、忘れてならないことは、この受発色の深化成長は、生涯続いてゆくということです。身体的な成長は先にも述べたように、限られた時期にのみ与えられます。肉体の成長曲線は生まれてから二十代でほぼ飽和に達します。その時期を超えたら、後は次第《しだい》に衰えるだけです。

しかし、受発色はそうではありません。事態の感じ・受けとめ方、思い考え方、そして判断の仕方、行動の仕方、そのいずれもが年齢とともに深まり得るものです。たとえ肉体が衰えざるを得ない老いの季節の中でも、そのような季節であればなおさらのこと、受発色は深化と成長を続けるのです。

例えば、ガンジー（一八六九〜一九四八）の受発色です。若い頃、どうしても祖国を愛することができなかったガンジーにとって、欧米の諸国は立派《りっぱ》に見え、いまだ因習《いんしゅう》と無知に覆われたインドは蔑《さげす》むべき対象でした。それは自《みずか》らの存在に対する自信の欠如《けつじょ》であり、自らの人生が十分な生きる根拠《こんきょ》を示し得ない欠損《けっそん》でした。そのために、ガンジーはいたずらに卑下《ひげ》したり、感情的になったり、その空虚《くうきょ》を基《もとい》とした受発色を繰り返していたのです。しかし、後年、国中を自分の足で回り、その一人ひとりの民衆の現実に触《ふ》れ、彼らを、そして祖国を愛するようになったとき、ガンジーの受発色は、かつてとは一変《いっぺん》してしまいました。存在の根《ね》を取り戻《もど》したガンジーは、誇《ほこ》りと自信に満ち、穏《おだ》やかでしかも強靫《きょうじん》な受発色を生み出す人となっていたのです。

このような変貌《へんぼう》こそ、私たちに生涯託《たく》されている「人間の成長」なのではないでしょうか。

国立大学の教授として学生の教育に努めてこられたある男性は、五十代になるまで、人づき合いが苦手で、虚無感《きょむかん》ゆえのあきらめに満ちた人生を送っておられました。しかし、TL人間学《トータルライフ》※注の教育実践《じっせん》のグループの中で学ばれ、自らのその受発色の傾向が、生後一年で母親が亡くなるなど、幼少期に厳しい人生の条件を背負ったがゆえにつくり上げられてきたものであることを深く受けとめられ、その受発色の変革に向かおうと決心されたのです。

そして、学生たち一人ひとりに丁寧《ていねい》に出会われるようになり、かつては緊張感と恐怖心から、準備を重ねた講義ノートと黒板ばかりを見ていた講義も、いつしか学生との温かな交流の場となってゆきました。また、工学部長としての重責《じゅうせき》も、教職員の方々との共同によって立派に果たされたのです。

その受発色は大きく変わり、人との関わり方も別人のように明るく自由なものとなってしまわれました。それは特殊《とくしゅ》なことではありません。そして、この方がそうであったように、いつまでも人間の受発色は深化するのです。

私は、人格とは、その人から生まれてくる受発色の総体であると思います。その人らしさとは何よりも、その人が生み出す受発色そのもの。そして様々な人々が生み出すその受発色の総体が、歴史をつくってゆきます。

人間の歴史とはまさに、無数の人々が生み出してきた受発色の堆積《たいせき》です。その受発色が限りなく成長し、深まってゆくのが人間という存在なのです。

※注「TL（トータルライフ）人間学」――現代社会の中で人間が見失ってしまった絆（人と人、人と自然、人と社会、自分と人生、心と身体などを結ぶ目に見えないつながり）を知り、その恢復《かいふく》に努め、応えてゆく道を示す。著者が提唱する永遠の生命観に基づく人間学。

30 順境《じゅんきょう》なら問題ないか？

何事も手放しでよいということはない。取り立てて問題のない順境のときでも、何か受けとめるべきことがあるのではないだろうか。今だからできることがあるのだ。

◎順調でも問題を抱《かか》えることがある

もしあなたが今、何の問題もなく、順調な現実に囲まれている人であるなら、事は概《おおむ》ね、良い方向に向かっていると考えるでしょう。確かにそうかもしれません。しかし、そうではないかもしれないのです。たとえ順調に見えても、何か問題が広がりつつあることもあるからです。

例えば、自分の健康のことを考えてみて下さい。普通、人は自分が今、健康であるか健康でないかというように考え、健康診断でもそのように診断されることが通常です。しかし、健康に関して大切なことはそれだけではないように思います。健康状態は常に動いているものだからです。むしろ問題にするのなら、今が健康と言えるかどうかだけではなく、健康に向かっているのか、それとも不健康に向かっているのかを捉《とら》える必要があるということでしょう。どちらのベクトル（方向性）を持っているのかが重要だと言えるのです。

そしてそれは、実はどのような事態に対しても共通して言えることではないでしょうか。平和や豊かさということも固定的な状態ではありません。今の状況が平和に傾《かたむ》いているのか、それとも戦争や紛争《ふんそう》への傾斜《けいしゃ》を抱《いだ》いているものなのか、今の豊かさがより豊かな方向に向かっているのか、それとも貧しい方向に向かっているのかという捉え方が大切です。

私たちは、上か下か、良いか悪いか、善か悪か、得か損か、……というように物事を二分して捉えます。しかし、現実というのは、常に変化し続けているものなのです。上と思っていたものがそのままずっと上であり続けるとは限りません。上と思っていたものがいつの間にか下になり、良いと思っていたのに悪い状態になり、善と思っていたことが悪を生み出し、利益でしかないと思っていたことが大きな損失《そんしつ》につながる……。例えば、今日、わが国が苦しんでいる不況《ふきょう》は、八十年代の嘘《うそ》のような経済の活況《かっきょう》、バブル経済がもたらしたものであることからもそれは明らかです。

あなたが今置かれている順境——順調な状態についてもまったく同じでしょう。つまり、順調さは実に脆《もろ》いものだということです。そしてそれ以上に大切なのは、その順調さが何を生み出そうとしているのかということなのです。今の順調さがより高次の創造《そうぞう》や安定を内に秘めたものなのか、それとも、その順調さから停滞《ていたい》や破綻《はたん》を導《みちび》く状態にあるのかによってまったく未来が異《こと》なってしまうのです。

◎目的を忘れてはいけない

もし、あなたの現実が順調であるなら、その順調さがどこに向かっての順調さであるか、今一度確かめなければならないということでしょう。

そしてそれ以上に大切なのは、そのときに、目的を忘れないことだと私は思います。一体何のために、このことを始めたのか。何を目指してスタートしてきたのか。初心《しょしん》、志《こころざし》、もともとの願い——。

初心、そして目的を大切にすることは当然のことのように思えて意外と難《むずか》しいものです。例えば、長年の夢が叶《かな》って開いたレストラン。開店時は評判がよかったものの、しばらくすると来店客が減り、存続《そんぞく》すら危《あや》ぶまれる状態に陥《おちい》るといったことはよくあることです。様々な原因が考えられるわけですが、その多くはスタート時に熱意を込めて提供していた

「味」が変わってしまっていることだというのです。

順調なときだからこそ、目的という一点を思い出し、その一点に照《て》らして、今を見つめ、新しい未来に向かって一歩を踏み出すことではないでしょうか。そしてあなたもまた、その一歩を求めているに違いありません。

それはつまり、一体何のための順調なのか、考えてみるということでしょう。安定しているのなら、未来に向けて今、準備できることが必ずあるはずだからです。

順調さがより高い次元の安定を生み出し、新たな創造につながるかどうか、それはあなたの受けとめ方、そして行動にかかっているのです。

31

本当の発展とは何か？

私たちが目指すべきものとは一体何なのか。目に見える形や規模《きぼ》、数字や形だけに現れるものではないのではないか。結果としての数字は何によってもたらされるのか。

◎「発展」について考えてみよう

日本経済は未だ長いトンネルを抜け出すことができず低迷《ていめい》を続けています。日増しに景気回復を求める声が強くなってきて、政治経済改革への期待はすっかり影を潜《ひそ》めてしまいました。それが現実的感覚であることは明らかですが、このようなときだからこそ、一人ひとりが本当に進むべき道を確かめる必要があるのではないでしょうか。私たちが自然に求めている状態——私たちが目指すべき発展とはどのようなものなのか、考えてみる必要があると思うのです。

若い世代の方々にとっては、それぞれの人生において、何を求めるか、何を目標とするかという問題でもあるでしょう。豊かな生活や大きな力、社会的な認知《にんち》……。これから大学進学や就職にあたって、また今就《つ》いている仕事を変えるかどうかも含《ふく》めて、一体どのようなことを軸《じく》にしていったらよいのか、それは誰《だれ》もが悩むことであり、もっと大切に考えていただきたいことでもあります。

それらを考えるために、私は「発展」という言葉を、その鍵《かぎ》としたいと思うのです。国家のことであれ、一企業のことであれ、また個人のことであれ、私たちは、ごく自然に発展と成長《せいちょう》を望んでいます。そして、これらの発展と成長は、国力《こくりょく》の伸長《しんちょう》、事業の発展、学習の効果、能力の向上、収入の増加、地位の向上……などとして、何の躊躇《ちゅうちょ》もなく数字や形に求められています。

「結果主義」「成果主義」と言われるのも、要は具体的な「数字」「形」に現れた成果に反映しているかどうかが肝心《かんじん》であるということでしょう。「結果」として明確な数字に現れなければ、それは成長とも発展とも言えない——。誰もが自然にそう考えているはずです。もっと身の周りの自分自身の仕事のこと、家族のこと、子どもたちの勉強のこと、それぞれに思い当たる点があるでしょう。

けれども、数字に確かに現れていさえすれば発展と言えるのでしょうか。形になっていれば成長なのでしょうか。そして数字や形に現れなければ、発展とは言えないのか……、一体どうなのでしょうか。

◎目に見える数字だけにとらわれるな

確かなことは、数字や形は「結果」として現れるということです。すなわち、それ以前のプロセス——過程《かてい》があって現れたもの。その過程が充実していたからこそ、望ましい結果が生まれたのです。ということは、本当の発展とは、充実した過程から必然的に生まれてくるということではないでしょうか。言葉を換《か》えるなら、目に見える数字や形を生み出すためには、目に見えない準備や努力、エネルギーの蓄積《ちくせき》が必要だということです。目に見える数字だけにとらわれてはならないのです。

それを私は「ポジ」の次元に対する「ネガ」の次元の大切さだと考えています。ポジとネガとは私たちが日頃親しんでいる写真の言葉です。ポジとは、陽画《ようが》。現像《げんぞう》されプリントされた通常の写真のことです。ネガとは、陰画《いんが》のことです。写真の専門家でもない限り、普段はネガのことなどほとんど話題にもしないでしょう。けれどもポジのプリントはネガから生まれてきたものであり、ネガの質が、ポジの質を決定します。

ポジの次元

ネガの次元

私たちの現実も同じでしょう。数字や形に現れるべきポジとしての現実は、ネガが生み出し、ポジの質をネガの質が決定しています。

だからこそ私たちが、数字や形というポジばかりを見て発展と考えるとしたら、そしてそうした発展だけを求めているのだとしたら、それはとんでもない欠落《けつらく》なのではないかということです。ポジの次元だけを問題にするなら、外からは見えないネガの次元を疎《おろそ》かにせざるを得ないからです。

私がお伝えしたいことは、この隠《かく》れたネガの次元の充実なしに、本当の発展はもたらされないのではないかということなのです。

◎本当の国力はポジ・ネガ合一《ごういつ》の力

本当の発展とは、ポジとネガが一つになった発展です。見えない蓄積、数字や形では現しにくいネガの発展こそ、実は重要なものであり、本質的なことなのだということです。

軍事力や経済力で測られる国力というのは、実は一部的なものに過ぎません。本当の国力はそうした数字や形だけでは摑《つか》み得ないものです。ならばそれは一体どのようなものなのでしょうか。

私は、究極《きゅうきょく》、国民一人ひとりの志《こころざし》の高さであり、心の力が支えるものだと思うのです。一人ひとりが、様々な現実をどこまで切実《せつじつ》に感じ取り、深く想い広く考え、適切に判断し行動できるか――それは「生きる力」そのものであり、人間に与えられた権能《けんのう》としての、私が「受発色力《じゅはっしきりょく》」と呼んできた力です（九七頁参照）。外界を感じ・受けとめて受信し（受《じゅ》）、考え・行為して発信し（発《はつ》）、現実（色《しき》）をつくり出す力――。外に現れる数字や形を生み出す「ネガ」そのものです。この受発色力の総和《そうわ》こそ国力であると考えています。

このような考え方は当たり前のことのように思えて、現実にはあまり顧《かえり》みられていないことです。国力だけではないでしょう。事業の発展も、学習の効果も成績も、そして人間の成長も、このネガとしての人間の受発色力が決定的な鍵だと思います。

しかし、それを本当に重視しているとは思えない現実が散見《さんけん》されるのです。

ポジの発展の土台として、ネガの発展がなければ本当の発展にはなり得ない。充実したネガが蓄《たくわ》えられてこそ、充実した結果が生み出される循環《じゅんかん》が続いてゆくのです。外からは分からない、目には見えない一人ひとりの気持ちや見えない努力といったことこそ、実は事態を光転《こうてん》させるプロセスをつくり続けるものです。

だからこそ、私たちは現実を見るときに、数字では捉《とら》えられないものを大切にしなければならないと自分に言い聞かせることが必要です。見えない次元にどれほどのネガが蓄積されているのか。「地《じ》」となっている関わり、プロセス――。それらを正しく受信する力を育まなければなりません。

◎ポジだけのグローバルスタンダードでよいか

昨今、グローバルスタンダードということで、市場原理《しじょうげんり》最優先の考え方が世の中に定着し始めています。企業環境においては終身雇用制《しゅうしんこようせい》が壊《こわ》れ、成果主義が導入され、リストラが当然となっています。

しかし、このスタンダードはポジ偏重《へんちょう》の傾向を強めざるを得ない性格を抱《いだ》いているものです。市場原理は、世界の未来を見据《す》えてはいません。短期的な利益を求める傾向を強くもたらしています。それらに効率的に適応した外資系の企業の中には、成果主義が徹底《てってい》され、雇用が不安定なところも少なくはなく、失敗すればすぐ解雇《かいこ》というような企業風土も決して珍《めずら》しいことではありません。そのような風土の中で、本当の人材を育めるはずはなく、短期的な利益を優先するとすれば、遠くを見据《みす》えた高い志が持てるはずはないでしょう。ところが若い人たちの中では、そうしたリスクには多くの注意が払《はら》われずに、仕事を思い切って任《まか》せてくれるという理由だけで、チャレンジ精神のある人ほど外資系の企業ではたらくことを希望する傾向が強くなっているそうです。それはある意味で、若い世代が本質に対する方向感覚を失いかけている徴《しるし》のようにも思えます。

わが国の経済は確かに試練の時を迎《むか》えています。変わらなければならないことを誰もが感じています。個人としても、企業としても、そして国家としても、これまでの生き方を見直し、新しい道を開かなければならない時が来ていることは確かです。

しかし、ネガの次元を無視した生き方は決して本当の発展を導《みちび》くことはできないのです。見えない部分の充実があっての本当の発展であり、私たちが目指すべきものは、常にそのネガの次元の耕《たがや》し、ネガの次元の蓄積とともにある発展です。今こそ、それを計る指標《しひょう》が必要とされているのではないでしょうか。

32

後悔はしない方がよいか？

悔《く》いのないように生きたい——。誰《だれ》もがそんな生き方を望んでいる。しかし、後悔すべきことのない人生など本当にあるのだろうか。後悔はあってはならないものなのだろうか。

◎後悔のない生き方は可能か

「悔いのない人生」——。誰もがそんな生き方を示すことができたらと望んでいます。「後悔先に立たず」という言葉も後になって悔いることを戒《いまし》める言葉です。悔いを残すことは、潔《いさぎよ》さを良しとするわが国の生き方の美学からしても、望ましくないというわけなのでしょう。

しかし、本当に後悔のない生き方は可能なのでしょうか。

人間は誰も完全ではありません。何かをしても完璧《かんぺき》ということはほとんどないでしょう。物事に失敗はつきものであり、予期せぬ障害《しょうがい》も現れるものです。つまり、自分が望んだ通りの現実、自分が思い描いていた通りの未来などあり得ないと言っても過言ではありません。それでも人は後悔なき生き方を望むのでしょうか。

後悔の何が問題なのかと言えば、いつまでもくよくよし続け、思い悩むばかりで一向《いっこう》に前進しないというところだと思います。このような後悔は何ら改善を生み出さないばかりか、悔いが悔いを呼び、嘆《なげ》きに変わり、卑屈《ひくつ》になって、拗《す》ねてばかりの時を送らせる……。確かに、あるいは自分をいじめたり、あるいは他人《ひと》を恨《うら》むようなことになってしまう……。

そんな人生の時を望む人はいないでしょう。

しかし、後悔とはそれだけのものではありません。

◎後悔が願いに変わる

悔いるということがもっと前進的で、創造《そうぞう》的になる瞬間があると思うのです。

例えば、芸術家にとっての後悔とは、飽《あ》くなき美の追究の姿勢でもあります。文楽《ぶんらく》の語り手（太夫《たゆう》）で人間国宝でもある竹本住大夫《たけもとすみたゆう》氏、七十八歳。やはり人間国宝の文楽人形遣《づか》いである吉田玉男《よしだたまお》氏、八十四歳。お二人は現在文楽において、最高の演者とされます。とは言っても、住大夫氏が玉男氏と肩を並べるようになったのは最近のことと言われています。太夫の芸は、師匠《ししょう》と弟子が一対一で向かい合い、伝えてゆくものです。長い修行を経《へ》て、自分の声が固まってゆくのは五十歳を過ぎてからと言われ、玉男氏は、「住大夫は、七十を超えて、語りに情《じょう》が深まってきた」と言います。そんな住大夫氏も、稽古《けいこ》は厳しいものと振り返ります。

——ぼろくそに言われると、情《なさ》けなくなったり腹が立ったりする。けれどもそうやって芸は覚えるもの。覚えても誉《ほ》めてはもらえない。でもそれでいい。ひどく叱《しか》られても稽古を終わって帰ると、やはり来てよかったと思う。でも次の稽古の前の晩になって、明日また叱られると思うと情けなくなる。しかし、実際に稽古をつけてもらうと来てよかったと思う。その繰《く》り返しであった。——そのように語られるのです。

何度演じても完璧には演じ切れず、その度に生まれる後悔——。しかし、その悔いが次の機会に臨《のぞ》む新たな意欲を喚起《かんき》し、まったく新しい挑戦に向かわせる。後悔が新たなチャレンジを導《みちび》く、後悔が新たな生き方を引き出すのです。

それは他の芸術家も同じでしょう。ピアニストは、同じ楽曲を何回も演奏し、数え切れないほど練習します。しかし、すべてに満足できる完璧な演奏はなかなか生まれないものです。毎回の演奏には、納得《なっとく》できない点が必ず生じ、それを解決《かいけつ》しようと次の演奏に向かう。そのような月日を重ねて、心技体《しんぎたい》が一つになった名演が生まれます。南米チリ出身の著名なピアニスト、クラウディオ・アラウは一九九一年に八十八歳で亡くなりました。その最晩年の演奏は技術的にも衰《おとろ》えをほとんど感じさせない上に、一つ一つの音が人生のように彫刻され、音楽は滋味溢《じみあふ》れ、比類《ひるい》ないほどの豊かさで鳴り響《ひび》きました。その演奏も、こうした後悔に応《こた》える歩みによって、練磨《れんま》されたものだったはずです。

後悔は、願いを新たに引き出す。深い後悔は深い願いを紡《つむ》ぎ出す——。願いに変わる後悔です。

もちろんそれは、芸術活動に限ったことではありません。仕事や大切な人間関係でも、そのような後悔があります。自分が希望や願いを託《たく》すことならばなおさらです。真剣な後悔ならば、必ず、その後悔が願いに変わるときがあるのです。

いいえ、そうではありません。後悔が起こるのは、その奥に、自分が気づこうと気づくまいと願いがあるからです。後悔は私たち自身の中にある願いが疼《うず》いている証《あかし》です。後悔するときは、その深い願いに自《みずか》らが触《ふ》れるときなのです。

◎自分の願いに触れるとき

大切なことは、「本当に後悔する」ということなのではないでしょうか。本当に後悔するとき、私たちは心の底にある自分自身の願いに触れることができる――。

しかし、問題は、「本当に後悔する」ことが、決してたやすいことではないということなのです。内心ではショックを受けていても「仕方《しかた》がなかった」と受け流そうとしたり、「これが悪かったから」「あの人が失敗したから」と外に原因を押しつけたりして、その圧迫を自分に引き受けることを避《さ》けてしまったりします。

「後悔する」ことを自ら阻《はば》んでしまい、その奥にある自分自身の本当の願いに触れることもなく、時を送ってしまうとしたら、それほど残念なことはありません。

もう二度と繰り返したくないと、深く心に刻むとき、心の中には新しい生き方、新しい歩み方に対する切なる想いが溢《あふ》れるでしょう。次の機会には、これまで乗り越えられなかったテーマに取り組むことができるのです。何としても越えたい。何としても変わりたい……。そんな切なる想いを生きるきっかけにすることができるのです。

「悔いなき人生」。その素晴らしさは、誰もが同意するものです。しかし、私たちが抱《いだ》かざるを得ない「後悔」もまた、大いなる意味を託《たく》されたものなのです。

33

問題が起こったときどうするか？

予期せぬ障害《しょうがい》が生じるのがこの世界。大切なのは、ではそのとき、どうするかということ。問題を本当に解決《かいけつ》するためには、自分がその中心にいなければならない。

◎まず等身大《とうしんだい》に受けとめる

何か問題が生じたとき、思わぬ失敗が起こったとき、一体どのようにその事態に応《こた》えるべきなのでしょうか。仕事の問題であれ、人間関係の問題であれ、家族の問題であれ、速《すみ》やかに現実に対する対応を果たし、解決を図《はか》る――。それは誰《だれ》もが望むところです。

しかし、なかなかその通りにはゆかないものです。

テレビや新聞で報道される事件には、生じた問題に対する人間の様々な行動が見て取れます。そしてその実際を見つめるならば、奇妙《きみょう》なことに極《きわ》めて大きな確率《かくりつ》で、一つの問題が一つにとどまらず、二つにも三つにもなって混乱と損失《そんしつ》を大きくしてしまっていることが分かります。

大きな社会問題となった血友病《けつゆうびょう》患者のエイズウイルス感染《かんせん》、原子力発電所の事故、そして狂牛病《きょうぎゅうびょう》の問題、雪印乳業の事件、さらには現在も多くの銀行が抱《かか》えている不良債権《ふりょうさいけん》の問題。そのいずれもが、問題の発覚《はっかく》の後、その事実を認めて、広く問題の解決に力を注《そそ》ぐことをせずに、多くの当事者が会社ぐるみで隠蔽《いんぺい》したり、歪曲《わいきょく》によって過小に報告することによって、かえって問題を深刻化《しんこくか》してしまいました。

こうしたことは当たり前のように繰《く》り返されていることです。しかし、そうした行動自体がもともとの問題以上の大きな影響《えいきょう》を与えることになることに、私たちは気づかなければなりません。

ですからまず、生じてしまった問題をどう受けとめるのか、そのことに私たちは集中しなければならないということでしょう。過大でもなく、過小でもなく、等身大に事実として受けとめること。大切なことは「難《なん》を逃《のが》れる」ことが第一の目的ではないということです。あなたが目指すべきことは、困難を避《さ》けることではなく、降りかかり、生じてしまった、その問題を「呼びかけ」として受けとめるということなのです。つまり、その問題をきっかけとして、私たち自身がその中で生まれ変わり、そのことによって事態を新しく創《そう》造《ぞう》してゆくことなのです。

◎「因縁果報《いんねんかほう》」という見方――自分を「因《いん》」とする

では、そのような問題の解決は一体どのようにして可能になるのでしょうか。

もちろん、それは、その問題や事態の真の原因を見定め、根本的な解決を図ることと別ではありません。

例えば、問題の原因を外にばかり見ようとしていては、決してその解決の道は辿《たど》れません。ついつい私たちは、問題の原因を誰か他人《ひと》のせいにしたり、システムや仕組みのせいにしてしまいます。もちろん実際にそうしたことが原因の一つになっている面はあるでしょう。しかし、それでは問題の本質は見えてきません。

物事の本質を見抜く「因縁果報」という見方があります。すべての現象は、直接的な原因である「因」と間接的な原因「縁《えん》」が結びついた結果「果報《かほう》」として生じているという見方です。例えば、会社で一つのプロジェクトが大きな損失をもたらしたとしましょう。そのとき損失という結果「果報」は、プロジェクトの中心にいたメンバー「因」と、周辺で関わった社員やプロジェクトの原則、そのシステムという「縁」の結びつきから生じたと捉《とら》えるものです。

この因縁果報のまなざしによって、私たちは物事の推移《すいい》をエネルギーとして捉《とら》えることができます。事態が問題として立ち現れているなら、そこには暗転《あんてん》の因縁果報が回っていて、次々に暗転の現実を生み出しているエネルギーの流れが生じていると考えることができます。そのエネルギーの流れを止めて、光転《こうてん》のエネルギーの流れに転換すれば、そこには善循環《ぜんじゅんかん》が生じ、望ましい現実が生まれてくることになるのです。私たちは、物事を常にこの「因縁果報」によって捉えることによって、誤《あやま》った決めつけや思い込みから自由になれるのです。

大切なことは自分自身をその中心である「因」に置くということです。

例えば、嫁姑《よめしゅうとめ》の軋轢《あつれき》という問題が生じているのは、そこに暗転の直接的原因、間接的原因があるからです。嫁の立場なら、「因」としての自分と「縁」としての夫の存在をしっかりと見据《す》えることが必要です。問題の解決とは、その暗転の因縁果報を転換すること。その転換のために、「因縁」を整えることです。

ただしここで一つ「因縁」という言葉について考えておかなければならないことがあります。因縁という言葉は、わが国では特殊《とくしゅ》な使われ方をしてきたという点です。「因縁」

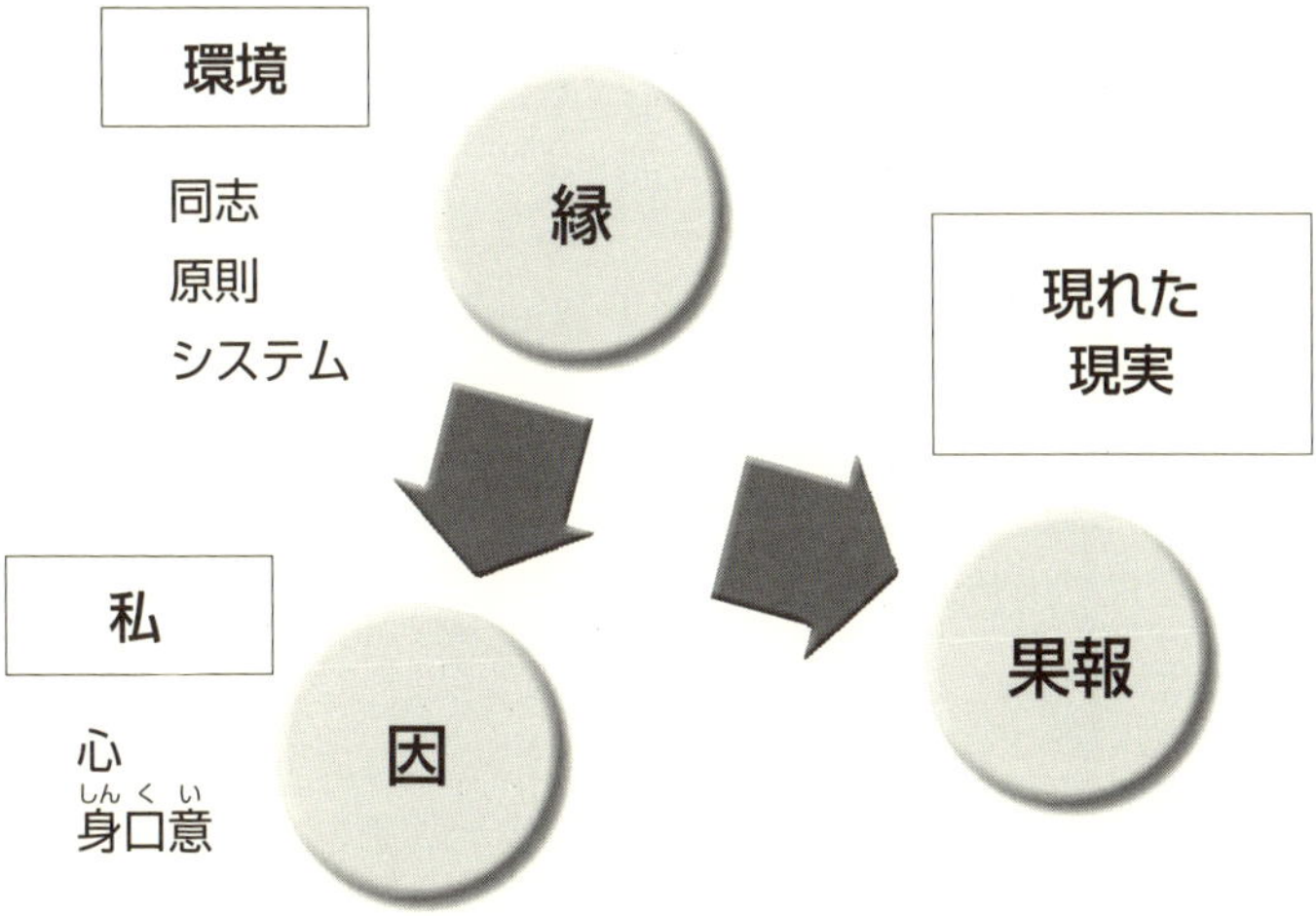
環境
同志
原則
システム
縁
現れた
現実
私
心
身口意《しんくい》
因
果報

因縁果報

というと、一般的には目に見える世界からは想像もつかないつながり、前世《ぜんせ》とのつながりという意味が強調されてきました。

しかし、もともと「因縁果報」という言葉は、仏教の言葉「十如是《じゅうにょぜ》」から来ているものです。十如是とは、あるがままに物事の全体を捉えるためのまなざしのことです。物事は、相《そう》（あらわれ）、性《しょう》（性質）、体《たい》（本質）、力《りき》（力）、作《さ》（作用）からなっていて、その作用は因縁果報、すなわち直接的な原因が間接的な原因と結びついて、結果と影響を生じてゆくという見方です。つまり、「因縁果報」とは、極めて論理的な考え方なのです。

「因縁果報」という言葉が教える問題解決の道において、核心とも言うべき大切なことは、「因」と「縁」の条件を整えなければ絶対に現実の転換は望むことはできないということです。

◎自分を原因の中心に置くには、ビッグクロスが必要

それでは、その「因」と「縁」を整えるとはどういうことなのでしょうか。何よりの原則は、自分自身を、常にこの因縁果報の中心――因の基軸《きじく》に置くということ。自分を当面する事態の一番の原因として引き受けることです。

それはなかなか難《むずか》しいことです。多くの人にとってはまったく考えてもみないことでしょう。否《いな》、むしろ「何でそんな風に考えなければならないのか、馬鹿馬鹿《ばかばか》しいにもほどがある」と思う人もあるかもしれません。確かに起こった問題を何でも自分が引き受けなければならないというのは強引《ごういん》でもあり、理不尽《りふじん》でもあります。

けれどもここで言っているのは、実際に自分のせいだとか、あなたが悪いということではなく、何か問題が生じたとき、まず、誰かのせいや時代・社会のせいにすることなく、自分自身に引き受けてみようとすることで、事態がまったく違って見えてくるということなのです。

何か事件が起こったとき、私たちは普通すぐに原因を外に見ようとします。「自分は悪くない。悪いのはAさんだ」「悪いのはこの仕組みだ」「悪いのは社会だ」……という具合です。つまり、望ましくない事態・現実を自分から切り離すということをごく自然にやっているのです。問題は常に私たちの外側にあると思い込んでいます。そして外側にある以上、私たちは、それをどうすることもできないと認めていることになるのです。

けれども、自分自身を因縁果報の中心に置くならば、その普段の心の動きがストップします。まず、何か問題が生じたら、その事態から目をそらさずに向かい合うことになります。そして自分自身にその事態を引き受けようとするでしょう。

「この問題は、自分に関わりがある。一体私に何を呼びかけているのだろうか。私にできることがあるのではないだろうか……」

そう自分自身に語りかけ、受けとめるだけで、事態はまったく違った解決の道を進み始めるはずです。そしてそれができるのは、私たち自身の中にそれだけの力が潜《ひそ》んでいるからです。

例えばお子さんが不登校になったとしましょう。これまでなら、「この子は一体どうしてしまったんだ」「学校の教師は何をやっているんだ」「今の教育制度がそもそも悪い」……等々、他人《ひと》のせい、事態のせいにしていたかもしれません。しかし、因縁果報でこの事態を捉えようとするならば、まず「子どもが不登校になったのは、私に原因がある。私自身に呼びかけられた問題として、この事態を引き受けよう」と心を定めるのです。そうすると、今まで無自覚だったあなた自身の言動や奥さんとの関わりなどが、思いのほか子どもに影響を与えていた。あるいは「そう言えば自分自身も会社に行きたくない日がある。もしかしたら子どもも同じ気持ちだったかもしれない」……といったことが必ず見えてくるはずです。そうするとこの問題を解決するためには、まずあなた自身が生活態度を改め、いつも前向きに明るく仕事に向かい、奥さんに関わり、そしてお子さんに関わることから始めようとするでしょう。子どもに変わることを強要《きょうよう》する前に、まず自分自身が変わる――それが因縁果報による問題解決の神髄《しんずい》です。

そして、その「私が変わります」の土台は、何よりもビッグクロスとの再結《さいけつ》（絆を結び直すこと）なのです。ビッグクロスにつながった「私」だから、事態を本当の意味で引き受けることができ、暗転した現実を光転させる支柱《しちゅう》になれるのです。実際そのようにして、思いがけず事態が光転に向かった、という方を私はたくさん知っています。

私たち一人ひとりの中には、自分でもまだ知らない力が潜《ひそ》んでいます。自分が知らない可能性が宿っています。私たちの魂《たましい》には、どのような現実であろうとそれをありのままに受けとめる力が眠っています。そして、そこから出発できる力が与えられています。そのことを信じてみようと、まず新たな一歩を踏み出してほしいと思うのです。

34

祈りは本当に通じるか？

絶望の先に祈りは立ち上る。現代人の生活は祈りからますます遠くなった。忘れ去られた「祈り」はもう必要ではないのか。

◎米国同時多発《どうじたはつ》テロ事件に捧《ささ》げられた祈り

「出動命令が下れば　炎がどこにあろうとも　我に与えよ、神よ　あらゆる人を救う力を／幼い子どもを抱《いだ》く力を　手後《ておく》れになる前に　老人を救う力を　恐ろしい運命に遭《あ》わせぬために／神経を研《と》ぎ澄《す》ませ　弱き叫びをも聞き漏《も》らさず　素早《すばや》く確かに　炎を消し止めよ／求めに応じて　全力を注《そそ》ぎ　隣人《りんじん》の命と　財産を守れ／もし御身《おんみ》が望むなら　この命を捧げよう　その御手《みて》で守りたまえ　我が子と妻を」（『九月十一日の英雄たち』〔早川書房〕より）

これは、ニューヨークの世界貿易センタービルを襲《おそ》った米国同時多発テロの後、その悲

世界貿易センタービル現場付近での祈り

劇に捧げられた書物の冒頭《ぼうとう》の「消防士の祈り」です。この事件は、ビルに勤務する人々ばかりでなく多くの消防士や警官などの尊《とうと》い命を奪《うば》いました。刻々と事態を告げる報道にくぎ付けになりながら、あの日、そこには無数の切実な祈りが捧げられていたはずです。その祈りに込められた想いは本当に純粋なものでした。

その後、アメリカの世論《よろん》は、「報復《ほうふく》」一色に傾《かたむ》いてゆきましたが、被害者の家族からのインタビューを重ねたルポライターは、不思議なことにその誰《だれ》一人からも、報復や戦争という言葉が聞かれず、もうそれ以上の命を奪いたくはないと多くの家族が語ったと言っています。この事実にこそ、祈りというものの本質が示されているように私には思われてなりません。

◎祈りは誘《さそ》われて立ち上る

人は、絶望の現実に突き当たったとき、祈らずにはいられません。耐《た》え難《がた》いほどの苦悩、重荷《おもに》を抱《かか》えたとき、心の底から新しい未来を願わずにはいられません。誰でも自分の人生を振り返ってみれば、祈らずにはいられなかった瞬間というものがあるのではないでしょうか。

幼い頃に両親にすれ違いが生じ、口論《こうろん》の日々が続き、やがて離婚の時を迎《むか》えなければならなかったとき、あなたはその日々の中で小さな胸を痛めながら何度となく祈らずにはいられなかったでしょう。ましてや若くして肉親を失うというような悲劇を経験したことのある人なら、母親を、父親を何とか生き返らせてほしいと神に祈り、懇願《こんがん》したでしょう。たおやかに流れていた日常生活に、突然、不連続な特異点《とくいてん》が現れるとき、人生の道すじが大きな変化を迎えるとき、私たちは、自然に祈りというものに向かい合うことになります。いいえ、そうではありません。自分が意志して祈りに向かうという以上に、私たちは祈りに誘われるということでしょう。

直面している現実が、自分には支え切れないと感じるとき、何とかしたいがとても自分には背負うことができない重さを感じるとき、引き受けなければならないのは分かっているが、とても自分には引き受け切れないと感じるとき、私たちは向こうからやってくる祈りに誘われます。

もちろん、祈りに誘われるのは、そうしたときだけではありません。絶望というわけではなくても、例えば、進学のために懸命《けんめい》に受験勉強を重ねた末に試験会場に向かう車中で、仕事の命運《めいうん》を握《にぎ》る得意先との打ち合わせを明日に控《ひか》えた夜、また、自分のことではなくても家族や親しい友人が人生の岐路《きろ》に立っているとき、私たちは自然な気持ちとして、祈りたい気持ちになるはずです。

私にとっても、眼の前の現実は、いつも手に余る重さを抱えています。出会う方々一人ひとりが抱えていらっしゃる人生の重さ、一つ一つの出来事に関わる方々の想いの大切さ……。それらはどれほどのかけがえのなさを湛《たた》えているでしょう。成《な》り代《か》わることのできない一人ひとりの人生。人生の喜怒哀楽《きどあいらく》の一つ一つ。その人生の時を織《お》りなしてきた喪失《そうしつ》と希望、願いと後悔……。言葉を超えたかけがえのなさに、私は、いつも祈りとともに、出会うことを誘われてきました。

◎指導原理《しどうげんり》に乗ることが重要

私たちが生きている世界は、一人の力では対処《たいしょ》することができないような重圧と脅威《きょうい》をしばしば与えるものです。人間の歴史にはそうした力に翻弄《ほんろう》される人々の姿が無数に刻《きざ》まれています。二十世紀の二度の世界大戦を経験した世代は、その圧倒的な力を身をもって体験しているでしょうし、現在も長引く不況《ふきょう》の中で、如何《いかん》ともし難《がた》い力に押し流されるのを感じている人は少なくないはずです。

そして、そのような世界の中で生きようとする人間に不可欠《ふかけつ》な次元が宗教でした。人々が抱える現実の重さと関わってきた宗教は、祈りの大切さを説きます。どのような事態に対しても、その多くが、「祈りなさい」と導《みちび》きます。キリスト教会然《しか》り、仏教においても浄土宗《じょうどしゅう》や浄土真宗《じょうどしんしゅう》、日蓮宗《にちれんしゅう》などを始めとする多くの宗派が、念仏や題目《だいもく》、お経を唱《とな》えることを勧《すす》めます。

しかし、もし「祈りなさい」ということだけを投げかけるとしたら、現代という時代において現実的な困難を抱えている人々にとっては、あまりにも力無く響《ひび》くのではないでしょうか。

確かに、私たちは人間として、自《みずか》らの限界に目覚めなければなりません。今日でこそ、多くの可能性と力を示してできないことはないという錯覚《さっかく》すら抱くようになった私たちですが、元来《がんらい》一人ひとりの人間は世界に対して無力です。私たちがその無力さを自覚して、自らを超える世界、大いなる存在に自らを委《ゆだ》ねることを教えるのが宗教です。祈りもそうした世界への仮託《かたく》を示すものでした。

大切なことは、そのような祈りを絶えず湛えながら、この世界に流れている力に触《ふ》れてゆくことだと思うのです。言葉を換《か》えるなら、この世界を無秩序《むちつじょ》から秩序へ、混乱から調和へ、停滞《ていたい》から活性《かっせい》へ、破壊《はかい》から創造《そうぞう》へと導いている「指導原理」の流れに乗ることです。私たちのこの世界は、放っておけば、新しいものは古くなり、堅固《けんご》な建築も朽《く》ちてゆきます。しかし、その一方で、秩序や調和を導こうとする力の流れ（指導原理）も存在しています。私たち自身が、その指導原理に響き合うことによって、この世界にはたらく無秩序や混乱に向かう不可避《ふかひ》の力を逆転することができるのです。指導原理との響き合い――。それは、私たちが自らの意志によって、なし得る努力とも言えるでしょう。古くからの「人事《じんじ》を尽《つ》くして天命《てんめい》を待つ」という言葉も、この人間的な努力と、そしてそれを超える大きな天命という宇宙の意志に自らを委ねる祈りの大切さを教えているように思います。どんなことでも、本当の調和なり、深化《しんか》を果たした人の心には、必ず「祈り」があったのです。

それはただ祈るということではありません。「祈り」は、自らの人間的努力の果てに、世界に流れる指導原理の流れに乗るために、大きな力となるということです。祈りだけによって事態が光転《こうてん》するということはないかもしれません。しかし、祈りなくして本当の光転は難しい。それが真実だと思うのです。

35

神は信じられないか？

神を信じるには勇気がいる時代。しかし、大いなる存在を信じられなければニヒリズム（虚無感《きょむかん》）を抱《かか》えざるを得ない。本当に神は信じられないのか。神がいるのなら、なぜ、混乱のままの世界なのか。

◎大いなる存在を信じない人はニヒリズムを抱えている

単刀直入《たんとうちょくにゅう》にお聞きしましょう。あなたは、神の存在を信じているでしょうか。神という言葉でなくても、人間を超える超越的《ちょうえつてき》な存在、あるいは大いなる存在を信じているでしょうか。

「神は存在するのか」という問いは、信仰というものに向かい合ったことのある方ならば、誰《だれ》もが自《みずか》ら発したことのある問いかけです。しかし、多くの方にとっては、唐突《とうとつ》に感じられるほど自分から遠い問いかけなのではないでしょうか。

特定の信仰ということではなくても、私たちが生きている世界に神の存在を認めるかどうか――。その一点によって、私たちの生き方は大きく変わります。神の存在とは、私たちの世界を根底で支えている大いなる存在と言い換《か》えることもできるでしょう。むしろ、そのように言い換えた方が、今日的であるように思います。

少し乱暴な言い方ですが、広い意味で世界に超越《ちょうえつ》的な存在やはたらきを認めるとき、私たちは、その世界を肯定《こうてい》的に受けとめることになります。そしてそのような世界に生きている人間をも、肯定的に受けとめることになります。たとえこの世界が多くの問題や不足を抱えていたとしても、最終的にその世界を認める。そして同様にどんな問題があろうとどれほどの未熟を抱えていようと、最終的に人間という存在を認める。一人ひとりを肯定的に受けとめることになるということです。

一方、大いなる存在を信じられないという人は、厳密《げんみつ》な意味で、ニヒリズムを抱えざるを得ません。世界を信じられない立場であり、一人ひとりの存在に対するニヒリズムをぬぐい去ることはできない立場に立っていることになるのです。例えば、唯物《ゆいぶつ》主義がそうです。目に見えるものしか信じないという立場は、現象《げんしょう》に現れたもの以上の意味を世界にも感じ取ることはできません。もし、目に見えるものしか信じないが、どのような人生にも必ず意味があるはずだと考えるなら、その人はとても唯物主義者とは言えないのです。

私は、現代に生きる多くの人は、そうした大いなる存在に対して信じ切れないか、信じることへの躊躇《ちゅうちょ》を感じているように思います。それは、それだけ私たちの時代が深いニヒリズムに浸食《しんしょく》されていることの証《あかし》だと思うのです。

そしてあなたも、信仰心はないと言い切るお一人かもしれません。しかし、もしあなたが人間という存在を最終的には信じたい、この世界のあり方について、最終的には希望を持ちたいと思っているならば、あなたの中には人生や世界を意味づける大いなる存在を肯定する気持ちが隠《かく》れているのです。

◎悲惨《ひさん》と混乱に満ちた世界はそのままではない

「神が存在するのなら、なぜ、私たちの世界はこれほどまでに多くの悲惨と混乱に満ちているのか」

現代人の多くを覆《おお》っているニヒリズムの源《みなもと》にはこのような想いがあるのではないでしょうか。このような疑問に向き合うことを、私は自ら宗教に関わる者としての責任として大切にしたいと思います。それは、この本の一つの大切な役割でもあります。

世界に紛争《ふんそう》は絶えず、今も、米国とその同盟国はイラクと戦争をしています。社会では、様々な事件、凶悪《きょうあく》な犯罪が絶え間なく続いています。そして身の周りにも諍《いさか》いや悪意、不理解、偽善《ぎぜん》が渦巻《うずま》いています。どう考えても現在と未来に対して決して肯定的にはなれない現実が溢《あふ》れているように思います。

もし、世界を見守る存在があるとしたら、神の存在があるとしたら、なぜ世界は暗くなるばかりなのか。なぜ世界は悪くなるばかりなのか。なぜ、混乱のままの世界なのか。神の存在など信じられないという人は、心の奥でそのように感じているのではないでしょうか。つまり、世界を信じようとしても、信じられないような現実があるではないかという訴《うった》えです。

その現実は否定することができません。確かに見つめれば見つめるほど、私たちを取り巻く現実は希望を感じられるものではないかもしれません。

けれども、その中にあっても、未来を信じて世界を受けとめ、希望を掲《かか》げて世界にはたらきかけてきた人たちがいます。長い植民地支配のもと、支配と抑圧《よくあつ》に打ちひしがれ、ニヒリズムに覆われていたインドの民衆に誇《ほこ》りと希望をもたらし、非暴力《ひぼうりょく》によってインドを独立へと導いたガンジー。細菌によって引き起こされる様々な病《やまい》から人々を救うための道を開いたパスツール（一八二二～九五）。戦乱や疫病《えきびょう》、飢饉《ききん》の続く乱世にあって、絶望の淵《ふち》に喘《あえ》ぐ人々を救うために念仏《ねんぶつ》の道を開いた法然《ほうねん》（一一三三～一二一二）……。そうした人々だけではありません。名もなき多くの魂が、人間を信じ、世界を信じて歩んできました。そして私たちは誰もがそのように生きることができるのです。

何よりも忘れてはならないことがあります。それは、その現実を見つめている自分がいるという事実です。その現実に対して私たちがどう生きるかということは、私たちに任《まか》されているということです。

あなたは、こう問いかけることができます。

「私はなぜ、ここにいるのか。私はなぜ、この現実に出会っているのか」――と。

世界は悲惨と混乱のままの忍土《にんど》ではないのです。なぜか――。それは、あなたがいるからです。あなたが生きる。あなたが歩む。あなたがその現実に関わることができるということです。

あなたが自分と世界を切り離してしまったとき、あなたは神の存在を見失ってしまうのです。

◎ユビキタス——神は遍在《へんざい》する

今、私たちの世界は急激な速度で変貌《へんぼう》を遂《と》げています。その変貌し続ける現代社会にあって、未来社会の一つの姿を示す言葉に「ユビキタス」という言葉があります。それはいつどこにあっても利用できるコンピューター環境のことを指す言葉です。

しかし、もともとユビキタスは、「神の遍在」を示すラテン語です。神はどこにも存在し、はたらかれている。そして私たち人間が応《こた》えることを待たれている——。

今私たちに求められている感覚の一つが、その意味での「ユビキタス」であることは間違いないと私は思うのです。

以前、こういう話を聞いたことがあります。

自分は信仰深いと認《みと》めている男性がいました。あるとき、村に洪水《こうずい》が襲《おそ》ってくるという連絡を無線で受けましたが、彼は自分の信仰があれば大丈夫だと思い、家を出ようとしませんでした。

やがて水位は上昇し、ボートに乗った村人が彼の家を訪《おとず》れ一緒に退避《たいひ》するように誘《いざな》ってくれました。しかし彼は、「神様に祈れば助けて下さる」と言い、村人の言葉に従いませんでした。上空にはヘリコプターが飛んでおり、「はしごを降ろすから、安全な所へ行こう」と男が呼びかけてくれました。彼はそれでも、「自分には信仰がある。だから、祈る。神様が安全な所へ連れて行って下さるから」と言って、それに従いませんでした。

しかし、水嵩《みずかさ》は増す一方で、彼はついに命を失ってしまったのです。

場面が変わって天国でのこと。この男性が、いよいよ、神様に面会するときが来ました。彼は神様に会うなり言いました。「どうして私はここにいるのでしょう。私は、あれだけ一生懸命《いっしょうけんめい》信仰したのに、どうして助けて下さらなかったのですか」。そう訴えたのです。

すると神様はこう答えたと言います。

「私はあなたに、無線連絡とボートとヘリコプターを差し向けた。なのになぜ、あなたはここにいるのか」

神の意志は、それそのものとして現れることはめったにない、それは常に「応える人間」を通して現れるのだとその物語は語っているように感じました。

そして私は思うのです。ほかならぬあなた自身も「応える人間」として、今この世界に生きている、と。神はあなたを通して、この世界にその御業《みわざ》を現すことを待たれている——。

そのために必要な一切を、すでに神は私たち人間に与えているのです。

36

本当の主導権《しゅどうけん》とは？

「主導権を持つ」ことは、ただ影響力《えいきょうりょく》を高めたり、自分の思い通りに事を進められることではない。本当の主導権とは、一切の責任を自分に吸い込むということである。

◎主導権争いには矛盾《むじゅん》がある

今、世界は米国一強《いっきょう》の時代とか独《ひと》り勝ちの時代と言われています。ソビエトの社会主義が崩壊《ほうかい》して以来、世界の政治勢力のバランスは米国の比重《ひじゅう》が飛躍的《ひやくてき》に大きくなり、低迷《ていめい》する世界経済の中では、やはり米国が圧倒的な強さを誇《ほこ》っていると言わざるを得ません。

現に、中東地域の紛争《ふんそう》問題でも、北朝鮮の問題でも、地球環境問題でも、米国の発言力は極《きわ》めて大きくなっています。特に今イラクの問題では、国連安全保障《ほしょう》理事会の賛同を得られないままに、開戦に踏み切っています。

こうした米国の態度については、独善的《どくぜんてき》で行き過ぎであると感じる方が少なくないと思いますが、一方で、それほどの力を持っていることを評価する向きも存在します。世界の隅々《すみずみ》まで、米国のような主導権を発揮《はっき》することができるのは、何と言ってもすごいことだと思っている人が実は存外《ぞんがい》多いのです。

よく世に言う「主導権争い」とは、自分の力の影響をいかに大きくするかということが眼目《がんもく》です。どうしたら事を自分の思い通りに進めることができるのか。最終的な決定権をどう確保《かくほ》するのか。どうしたら意のままに現実を動かせるのか。そのために問題の相手を責《せ》め、自分の正しさを押し通す……。それにはきわどい駆《か》け引きも辞《じ》さない。そうして手にすることができるのが、主導権であり、そのための主導権争いであるという考え方です。

しかし、それはまったくの見当違《けんとうちが》いだと思うのです。

◎本当の主導権とは

本当の主導権の眼目《がんもく》は、「一切の責任を自分に吸い込む」ということだと私は思います。そこに生じている困惑《こんわく》の現実を自分の責任において引き受けるということです。それは、自分の権限《けんげん》を最大限にすることとは違います。自分の利益を優先した方針を貫《つらぬ》くことでも、問題を誰《だれ》かのせいにして済《す》ませたり、原因を他に押しつけたりすることでもないということです。

十九世紀の後半、水利権を得るためにイタリアへ赴《おもむ》いたアンリ・デュナン（一八二八〜一九一〇）は、ソルフェリーノの丘で、イタリア統一戦争の現実と直面しました。敵味方に分かれた多くの兵士が、双方《そうほう》に多くのけが人や戦死者を出しながら戦っている現実に衝《しょう》撃《げき》を受けました。戦争は悲惨《ひさん》でしたが、普通に考えればデュナンとは何の関係もない現実です。しかし、その現実を前にして、デュナンはその傷病兵《しょうびょうへい》たちを「何とかしたい」と思ったのです。

デュナンは、そこにあった、ありのままの現実の痛みを自分に吸い込まずにはいられませんでした。そしてデュナンは思わず傷病兵たちを看護《かんご》する行動へと身体《からだ》を動かしていたのです。それがデュナンが国際赤十字社《こくさいせきじゅうじしゃ》を設立する第一歩でした。

一体何がそうさせたのでしょうか。

事態に対して本当の主導権を持つためには、その事態に対して、誰よりも冷静で思慮《しりょ》深く接することが必要とされるでしょう。事実を誠実《せいじつ》に謙虚《けんきょ》に受けとめ、多くの方の意見に耳を傾《かたむ》けて、その事態の全貌《ぜんぼう》を理解しようとすることも大切です。それに関わる人々の気持ちを受けとめようとしなければなりません。その事態に関わる多くの立場の利益と損失《そんしつ》、期待と失望、願いと後悔……、それらのことを広く受けとめようとしなければなりません。そうした希望と痛みに根《ね》ざしていない「力」は無責任極《きわ》まりないものにほかならないからです。

けれどもそれらのいずれにも増して、何より大切なことは、その事態・現実と一つになるということです。デュナンが戦場で動き始めたとき、目の前の現実との間にはいかなる距離もなく、デュナン自身の現実となっていたのです。

◎「私が変わります」の姿勢を貫く

事態を引き受けて、本当の主導権を行使《こうし》し始めようとしたとき、私たちは自然に「私が変わります」という姿勢に導《みちび》かれます。自分から意志してということでなく、自《おの》ずから誘《いざな》われて、自分が変わろうとし始めるのです。

デュナンは、敵味方を超えて傷病兵を助ける国際的な組織をつくろうと思い立ってから、誰から促《うなが》されたわけでもないのに、そのことのために優先的に時間を使い始めたことでしょう。自分の実の兄弟でも、親戚《しんせき》でも友人でも知人でもない人たちのために、時間があればあれこれと想いを巡《めぐ》らし、現実化するまでの間には、四方八方《しほうはっぽう》に手を尽《つ》くして様々な障《しょう》壁《へき》を乗り越えようとしたことでしょう。その姿は、それ以前のデュナンとはまったく違う新しいデュナンだったと思います。つまり、そのことのために奉仕《ほうし》する者となっていたに違いありません。

同じように、例えば、人間関係のあり方に本当の主導権を持つということは、お互いが抱《かか》える問題を自分に吸い込むということであり、双方の行き違いを何とかしようと背負うということでしょう。ただ相手の非を責めたり、責任を相手に押しつけることはしない。問題の解決《かいけつ》のためには自分を変えることを厭《いと》わないということでしょう。

それは個人的な問題であろうと、社会的な問題であろうと、国際的な問題であろうと変わりのないことだと思うのです。

私たちは、本当の主導権を持って生きるとき、世界と一つになり、新しい自分に生まれ変わって、新しい現実を導くことができるようになります。あなたが今持つべき主導権についいて、ぜひ考えてみていただきたいのです。

37
子どもたちとどう関わるか？

子どもたちは可能性を抱《いだ》いた魂《たましい》の存在。信じるからこそ、厳《きび》しく関わることもできる。そして大人たち自身が懸命《けんめい》に生きること……。

◎子どもたちに関わる原則とは

今、子どもたちは、順調に成長してゆくことが非常に困難《こんなん》な時代を迎《むか》えています。文部科学省発表のデータによれば、二〇〇一年度の一年間で三十日以上学校を休んだ小中学生は過去最高の約十三万八千人に上り、非行の問題も数こそ急増はしていませんが、ますます悪質化し深刻な問題となっています。また世論調査では、青少年自身による問題点の認識として「忍耐力《にんたいりょく》がない、我慢《がまん》ができない」「自己中心的である」「自分の感情をうまくコントロールできない」ことを挙《あ》げる人たちの割合が増大していると言います。それは、他の世代から見た印象とも一致《いっち》しているでしょう。あまりに不安定で壊《こわ》れやすいために、関わることすら困難な印象を与えているのです。

親御《おやご》さんたちの悩みは尽《つ》きません。自分たちの子ども時代にはもっと素直な、そして従順《じゅうじゅん》な態度で親に接していたのに、今や子どもたちにどう触《ふ》れていいのか分からない――。そんな気持ちで、戦々恐々《せんせんきょうきょう》としていると言っても過言《かごん》ではありません。

私は年に百回ほどの講演・講義で全国を回らせていただいていますが、その中で感じることは、子どもたちの教育に対する人々の関心には特別のものがあるということです。それは、それだけ多くの大人たちが、子どもたちの問題で悩み、困惑《こんわく》していることの証《あかし》でしょう。

社会自体の歪《ひず》みが存在として弱さを抱《かか》えた子どもたちに押し寄せていることは、確かな事実だと思われますが、それにしても、どう関わればよいのでしょうか――。子どもたちに対する万全《ばんぜん》の原則などないかもしれません。しかし、私たちが忘れてはならないことがあることも事実です。

◎魂の存在として受けとめる

その原則の一つは、子どもたちを魂の存在として受けとめることだと私は思うのです。

子どもたちは、弱さをたくさん抱え、未熟《みじゅく》な部分を多く抱《いだ》いています。人間の基本である感覚・感情・思考・意志の成長もバランスも未成熟です。彼らは、これから様々な知識を得《え》、多くの経験を重ねてゆかなければならない存在だということです。つまり、私たち大人は、それだけ深い愛情をもって接しなければならないということでしょう。

しかし、子どもたちは、すべてにおいて大人に劣《おと》っているわけではありません。むしろ、大人たちより遙《はる》かに優《すぐ》れている側面もあります。純粋で感覚が鋭《するど》く、一生の道すじを決める強い感受性と決断力を抱いている存在でもあるのです。

ぜひ、こう捉《とら》えてみていただきたいのです。子どもたちは、これから、たくさんの知識を吸収し、物事の理解力を育《はぐく》まなければなりません。人と関わることも忍耐《にんたい》することも学ばなければなりません。しかし、同時に彼らはすでに幾度《いくど》も人生を経験し、多くのことを学んできた存在であると——。つまり、子どもたちの魂は多くの智慧《ちえ》を身につけてきている。ならば、その可能性を信じることができるし、それにとどまらず畏敬《いけい》の想いさえ抱くことができる。その可能性を信じて、今は人間として成長の途上《とじょう》にある子どもたちを受けとめ、あきらめずに関わることができる……。

それを私たちは、基本的な姿勢としたいと思うのです。信じることが基本だから、否定ではなく厳しく接することができるのです。魂の存在として受けとめるということは、何よりも、その内に限りない可能性が眠っていることを信じるということです。

◎大人としてどう生きているか

子どもたちに接することの難《むずか》しさは、人間として未成熟でありながら、魂として多くの智慧を内在しているという相反《あいはん》する性質に起因《きいん》するのではないでしょうか。「未熟な子どもたち」という捉え方からは、子どもたちの中にある可能性を脇《わき》に置いてしまい、一方的に外から知識を与えて一つの型《かた》に押し込めようとする教育が生まれます。けれどもそのやり方が本当の実《み》を結ぶことはありません。外からの知識や指導が必要でも、基本は内側から芽生《めば》えてくるということを忘れてはならないのです。

子どもたちの問題に対しては、まず耳を傾《かたむ》けることが大切です。大人としての意見を言う前に、まずよく聴いてみることでしょう。答えを持っているのは、私たちではなく、彼らです。そして道を開くのも、私たち大人ではなく、彼ら子どもたちなのです。ですから、彼ら自身が自らの内に耳を傾けるまで、私たちは傾聴《けいちょう》の姿勢を続けなければならないと思います。あくまで彼らが内に秘めている解答を引き出すような関わりこそが大切であるということです。

　そして、もう一つ大切にしたいことは、子どもたちは、モデル（模範《もはん》となる人）を切望《せつぼう》しているという事実です。新しい問題とテーマにどう応じたらいいのか。人生という広い地平をどう歩んでいったらいいのか。困難に出会ったときどうするのか。自分の夢や願いをどう追い求めるのか。子どもたちは、その道を指し示す存在を探しているのです。

　そのことを私たち大人世代がどう受けとめるかということでしょう。それには私たち大人自身が自らの人生を切実《せつじつ》に生きるということが何より必要だと思います。自分の人生に対して、どれほど懸命に生きているのか。未来にどのような希望を抱き、どのようなヴィジョンを描《えが》き、それを現実のものとするために、どう努力しているのか。人に対してどのような優《やさ》しさや絆《きずな》を示しているのか――。「子どもは親の背中を見て育つ」という言葉は本当です。私たち先に生まれた世代が、人生に対して、世界に対してどう生きているか、その姿、その背中を見て、子どもたちは本当に育ってゆくと思います。人は人の中で学習し続け、人間になり続けるのです。

38

新しい夫婦関係をどうつくるか？

結婚は、異《こと》なる「人生の条件」という深い溝《みぞ》を最初から抱《かか》えている。その深い溝を超えて二人を結びつけるのは、二つの愛情、そして尊厳《そんげん》を認め合う心である。

◎傷《きず》つけ合う夫婦関係は元に戻《もど》るか

全国を巡《めぐ》りながら、多くの人との出会いに恵《めぐ》まれれば恵まれるほど感じることがあります。それは当たり前にも思えますが、私たちにとって、人間的な環境ほど重要なものはないという基本的な事実です。

例えば、多くの人にとってそれは両親であり、家族でしょう。家族というのは人にとって第一の集団であり、第一の共同体と言われるものです。幼い頃の家族との関わりは、その人の一生に影響《えいきょう》を与え続けることはすでによく知られた事実ですが、それは普通に感じられている以上に深く大きな影響です。

小さい頃に、親に愛されたという実感のない人は、心に深い傷《きず》を負《お》い、生涯《しょうがい》にわたってそのために苦しみを抱えます。その傷は、自分が本当に愛されているという深い実感が訪《おとず》れるまで決して癒《いや》されることがないのです。それほど影響を与えるにもかかわらず、その家族に何の問題も抱えていないという人はごく稀《まれ》ではないでしょうか。つまり、誰《だれ》もが何らかの痛みを抱えていると言っても過言ではないのです。

そして、夫婦の問題で悩む人たちも後《あと》を絶ちません。

現在、日本では離婚する夫婦の割合は二〇パーセントを超えています。結婚したカップルの五組に一組は別れてしまう計算です。米国では二組に一組が離婚すると言われ、長寿《ちょうじゅ》化《か》した人生の中で、近い将来結婚は四度するという説を唱える学者もいるそうです。そして、子を持たず五年以内に離婚する、その最初の結婚をスターター・マリッジ（短命結婚）と呼ぶ言葉すら生まれているのです。

あるときは誰よりも相手を近くに感じ、一つになって家庭をつくろうとした夫婦に一度亀裂《きれつ》が入ってしまったとき、そこに繰《く》り広げられる不信と悲惨《ひさん》は厳《きび》しいものです。時を送れば送るほど傷つけ合ってしまう夫婦関係は、修復《しゅうふく》可能なのでしょうか。

◎「人生の条件」が衝突《しょうとつ》する

夫婦の関係の難《むずか》しさは、最も近い人間関係であると同時に、まったく別個の人生の条件を抱《いだ》いた人間関係でもあるという点でしょう。結婚生活を営《いとな》もうとする人は、まずその前提を深く受けとめる必要があります。お互いが抱いている「人生の条件」は、決して侮《あなど》ることのできない溝をもともと抱えているかもしれないのです。

例えば人生に何を求めるのか、その向きが違っているとしたらそれは大きな違和感《いわかん》を必ず生じるでしょう。一人は生活の豊かさと安定を一番大切なものとして求めるのに対して、一方が物質的な豊かさには無頓着《むとんちゃく》で精神的な豊かさを求めるとしたら……。また一人は仕事や個人の生き方の充実を第一とするのに、一方が個人の充実よりも家族を第一としていたら……。さらには、一人は生活は倹約《けんやく》して貯蓄《ちょちく》に精を出し、将来に備《そな》えたいと思っているのに対して、一方ができる限り今という時を楽しみ、充実して暮らしたいと思っていたら……。

あるいは、男女観ということもあるでしょう。今でこそ、基本的には男女が平等でないとは誰も思いません。しかし、心の中で実際にどう感じているかはまた別です。一人は心のどこかに「やっぱり男は仕事で、女は家庭を守るべき」と思い、一方が「家事は夫婦で分担《ぶんたん》すべき」と考えていたら……。それだけでストレスが生まれざるを得ないはずです。

夫婦がそれぞれに抱えてきた「人生の条件」とは、具体的には、一人ひとりに流れ込んでいる三つの「ち（血・地・知）」です（三一頁参照）。「血」とは両親や先祖、家柄《いえがら》といったものから流れ込んでくるものの感じ方・考え方。そして「地」とは、地域や業界《ぎょうかい》に流れている風習《ふうしゅう》、習慣《しゅうかん》、常識……。最後の「知」とは時代の価値観、流行……。これらの条件に大きな影響を受けて、私たちはすべてを身につけてゆくのです。

そのようにして一人ひとりのものとなった、食べ物やファッション・音楽などライフスタイルに関する嗜好《しこう》、食事の仕方、話し方、着替えの仕方、掃除《そうじ》の仕方、両親や実家との関わり方、子どもたちの教育に対する考え方、幸せな家庭のイメージ……。ありとあらゆることが、夫婦の衝突《しょうとつ》の原因となります。もし、この前提をそのままにするなら、決して新しい夫婦関係は生まれないでしょう。

一人ひとりに流れ込む三つの「ち」の束縛《そくばく》がいかに大きなものか、それを厳密《げんみつ》に検証《けんしょう》すればするほど、相容《あいい》れない感覚に満ち、隔絶《かくぜつ》した受発色《じゅはっしき》——感じ・受けとめ・考え・行為の仕方が溢《あふ》れていることに気づくでしょう（一〇八頁参照）。それは絶望的な距離感と言ってもよいほどです。

◎尊厳《そんげん》という原点を恢復《かいふく》できるか

しかし、それが夫婦の出発点であり、結婚から始まる家族の出発点なのです。時には相容れないものを抱える人間同士が一つの家族となって新しい歩みを始めるということです。それを成り立たせるのは、奇蹟《きせき》のようなことだと思わずにはいられません。

もちろん、その生活を支えるのは、愛情です。夫婦には、少なくとも二つの形の愛情のあり方が必要に思えます。まず、第一は、互いに向き合って、相手に惹《ひ》かれ、必要とし合う愛情。そして第二は、二人が同じ方向を向いて手を携《たずさ》え、歩んでゆく同志のような愛情。人生を長く歩んでゆくには、その両方が必要なのではないでしょうか。

そして究極《きゅうきょく》、互いの尊厳を受けとめることが、夫婦というあり方の原点であると私は思います。相手の存在を大切にする想いがあるかどうか、当たり前のようですが、それが、結婚によって、家庭を営もうとする人に、何よりも問われることです。お互いによって、お互いの尊厳が確かにされるとき、たとえ、一時は傷つけ合った夫婦でもその絆《きずな》を恢復する可能性が残るのです。

人生の条件を深く理解し、受納《じゅのう》した上で、互いの存在の大切さを認め合うとき、そこには違いを超えて強く結びつく、愛の奇蹟が生まれるのではないでしょうか。

39 人間関係の秘訣《ひけつ》はあるか？

人は誰《だれ》も人との関わりなしに生きることはできない。最も大きな喜びを与え、最も大きな苦しみをもたらすのも人間関係である。その関わりに秘訣はあるのか。

◎人間関係は関心事の中心

どのような時代、どのような国、どのような地域、どのような家に生まれようと、私たちの現実が、人との結びつき、人と人との関わりによって紡《つむ》ぎ出されるということは変わることのない人生の真実です。そして、人々の関心事の中心の一つは、つまるところ、その人間関係にあると言えるでしょう。

なぜなら、人は人との関わりの中で、最も多くを学び、最も多くを失うからです。また、最も大きな喜びを感じ、最も大きな苦しみを経験するからです。

生まれた家庭、幼稚園、小学校に中学校、高校、大学に至《いた》るまで、さらに職場、地域社会……。私たちが身を置くありとあらゆる場に人間関係は存在し、そこで、私たちはその関係ゆえに悩み、困惑《こんわく》し、より良い関係を熱望し、努力します。

実際に、家庭で、そして学校で、職場で、具体的な悩みを持っている人があるでしょう。若い人たちならば、本当の友人を得たいのに、どうしても友情を築くことができないでいる。恋人が欲しいのに、なかなかそのきっかけが摑《つか》めない。あるいは、職場の人間関係に困惑している、関わりを深めてゆくことができない……。それらの悩みは、それぞれにとっては、極めて深刻で重大な問題なのです。

◎人間関係の秘訣1——耳を傾《かたむ》ける

だからこそ、人間関係のための秘訣があるならば、それを求めることはごく自然なことでしょう。では、一体人間関係の秘訣とはどのようなものでしょうか。

それはまず、相手を受けとめることだと私は思います。相手の存在をどう認め敬《うやま》うことができるのか。相手の想いにどこまで耳を傾けることができるのか。そのことが関わりの土台として決定的な意味を持っています。人と人との関わりというのは、つまるところ、「人と人の信頼関係」ではないでしょうか。この人ならば、この人だからこそ信じられる。

そのような信頼をどう育《はぐく》んでゆけるのか。そのためには、相手の存在を認め、受けとめる。そして耳を傾けること――よく聴くことが絶対に必要なのです。

人に好意を持たれず敬遠《けいえん》される人の中には、他人《ひと》の話をまったく聞こうとしない人が少なくありません。自分を受けとめてくれないと感じる人にどうして信頼を持てるでしょうか。自分に対して敬意《けいい》を払《はら》い、そして真剣に耳を傾けてくれる人には、誰であっても悪意は持たないはずです。

また、人間関係をうまくつくれないと思っている人の中には、その理由を人間的な魅力《みりょく》がないからだと思っている人があります。自分には誇《ほこ》れるような能力も、社会的地位や財力もないことがその原因だと思っているのです。しかし、それは人間的な魅力のごく一部に過ぎません。本当に人生を共に歩もうという気持ちになるのは、やはり人間として信頼できる人ではないでしょうか。つまり、一人ひとりを大切にする人、相手を敬い、深く受けとめることができる人こそ、その信頼に値《あたい》する人だと思うのです。

◎人間関係の秘訣2――本心《ほんしん》で関わる

そしてもう一つ忘れてはならない秘訣があります。それは、本心から関わること。本心から関わるならば、あなたは必ず豊かな人間関係を育んでゆくことができるはずです。そしてそればかりではなく、長い年月を一緒《いっしょ》に歩んでゆける、深い友情に結ばれたかけがえのない友人を持つことができるはずです。

では、本心の関わりとはどういうことでしょう。

よく「あの人は建前《たてまえ》が強くてつき合いにくい。もっと本音《ほんね》の話ができなければ……」というような言い方をします。建前とは表向きの方針ということで、きれいごとと受けとめられています。

例えば、心の中ではいろいろな気持ちがあるのに、人前ではいい人であり続ける。規則があるならそれを守らなければならないと言ったり、理想を重んじるということもそうでしょう。自分の利益よりも皆の利益を考えようと言ったりすることも、建前とされるかもしれません。

それに対して、本音はその奥にある正直な気持ちということ。例えば、人間の中には、わがままで自分勝手《かって》な想いもある。愚痴《ぐち》もあるし怒りや妬《ねた》みもある。そういう想いもさらけ出す関わりを本音の関わりと考えるのです。自分の中にある弱み、醜《みにく》さ、ずるさ、どろどろとした想いを見せ合うことが本音の関わりだというわけです。

例えば、職場の人間関係であれば、上司の悪口を言い合えるなら、本音の関わりができたと考える。そして、その本音の関わりこそ心が打ち解《と》けた徴《しるし》と見なす人は、思いのほか多いのです。

しかし、本当にそうなのでしょうか。

確かに建前だけの関係は、虚《むな》しいものでしょう。それでは心の交流が生まれないからです。しかし、いわゆる本音の関わりが最善《さいぜん》かと言われれば、そうとは思えません。なぜなら、本音が人の心のすべてとは言えないからです。例えば、上司を批判《ひはん》する想いの奥に、その上司とより良い関係を結びたいと願う気持ちもある。相手を憎《にく》む想いの奥に、本当に分かり合いたいという気持ちがある。自分のためだけに生きたいと思う気持ちの奥に、他《ひ》人《と》のために生きたいという願いがある。実はそれは建前も同じです。建前のように見えて、それがその奥にある願いを表しているときもある――。そのような心の深くにある願い――本心を私たちは誰もが抱《いだ》いているのではないでしょうか。それは、私たちが一瞬一瞬に、一つ一つの関わりに、託《たく》している願いとも言えるでしょう。

建前ではなく、本音でもなく、その奥にある本心――。その本心を自《みず》ら見出して、それを基《もとい》として関わることができれば、私たちは必ず人間関係を大切にできます。本心に基づいて誠実《せいじつ》に関わることで、私たちは人との関わりを豊かにしてゆけます。

建前では悲し過ぎます。けれども本音でも虚《むな》しい。私たちが自分自身の本心を見出すこと、それが、人間関係を営む最大の秘訣なのではないかと思うのです。

40

天職《てんしょく》とは何か？

天職というものがあることを誰《だれ》もが知っている。しかし、自分には縁《えん》のないものと思っていないだろうか。そうではない。私たちの誰にも、天職が待っているのだ。

◎仕事と人生の関係を考えてみよう

自分自身の職業、仕事について、悩みを持っている人は少なくありません。仕事を続けるかどうか迷っている人、引退を考えている人、転職を考えている人、初めての就職の準備をしている人……。単純に考えても、学業を終え就職してから、定年を迎《むか》え、引退するまでおよそ四十年の時があります。その膨大《ぼうだい》な時間を私たちは、仕事に費《つい》やすことになります。

その仕事にあなたは何を求めているでしょうか。

今あなたが若く、これから自分の仕事を決めようとしているなら、その選択《せんたく》は、大きな岐路《きろ》・人生の選択を意味しているように思えるでしょう。ところが、実際には、選択というほど熟慮《じゅくりょ》することもなく、成《な》りゆきのような形で仕事を決めてしまうということも少なくないのが実情です。

あるいは、転職を考えているなら、リスクを抱《かか》える選択に迷いを隠《かく》せないかもしれません。しかし、損得《そんとく》を抜きにして本当にやりたいことのために今の仕事を辞めるという場合を除いて、そのときの選択の基準の多くは待遇《たいぐう》と収入にとどまっているのではないでしょうか。それは、昨今の風潮《ふうちょう》も手伝って年々増えている傾向でしょう。

しかし、私たち自身の人生と仕事の関係をそのように単純化してしまうことに、私は懸《け》念《ねん》を感じます。これほど多大なエネルギーを注《そそ》ぐものに対して、収入を得るだけの手段という見方はあまりに浅薄《せんぱく》です。私たちの心の声と結びつき、人生に呼びかけられる必然として、自分自身の仕事のことを考えていただきたいと思います。仕事とは、生活の糧《かて》を得てゆく以上のものであるという見方がもっと必要なのではないでしょうか。

「天職」――。ですから、この言葉を心に置いていただきたいのです。自らの内心と結びつき、人生に呼びかけられた究極《きゅうきょく》の仕事とは、天職のことでしょう。天職とは、天から命ぜられた職であり、その人の天性《てんせい》に合った職業という意味です。

例えば、神学《しんがく》の研究者として、優《すぐ》れたオルガン奏者《そうしゃ》として、確立した職業を持ちながら、それを投げ出して、内なる声に従《したが》って医学を学び直し、アフリカで医療の普及《ふきゅう》に尽くしたシュヴァイツァー（一八七五〜一九六五）。事業家として出発しながら、戦場での悲惨《ひさん》さに心を動かされ、事業のことを忘れて傷病兵《しょうびょうへい》を敵味方なく助け始めてしまい、国際赤十字社《こくさいせきじゅうじしゃ》を興《おこ》したアンリ・デュナン。これらの人たちはまさに天職と巡り合ったと言えるでしょう。

私たちが自らの職業において、求める最高のものがあるとすれば、それがこの天職であることは言うまでもありません。つまり、天職を求めて、自分の仕事のことをぜひ考えていただきたいのです。

◎本当の天職は職業だけではない

現在の仕事が自分の天職だと思える人は、それだけで大きな幸せを手にしていると言えるかもしれません。けれどもそのような人たちは、決して多くはないと思います。そればかりか、生活のために、仕方なく今の仕事をしているという人も少なくないのではないでしょうか。

今わが国は、未曾有《みぞう》の不況《ふきょう》のさなかにあり、二〇〇二年の平均失業率は、五・四パーセントという極めて高い水準になっています。そのような中で、兎《と》にも角《かく》にも、生活のための収入だけは確保しなければならないという人が増え続けていると思います。

自分の仕事に誇《ほこ》りを持てない。大きな意味を見出せない。とても、天職だとは思えないという人の方が、むしろ大多数でしょう。そして多くの方がもともと、天職など、自分には縁のないことだと思われているのではないでしょうか。

しかし、天職とは、職業だけではないのではないでしょうか。自分の職には輝《かがや》きを感じないが、ボランティアには生きがいを見出している。仕事にはあまり希望が持てないが、サークル活動には熱意を注げる。仕事の内容には大きな意味を見出せないが、職場で関わる人たちは大切にしたい。職業には就《つ》いていないが、家庭の主婦として家族のことに心を尽くしてきた……。そのような人たちにとっても、「天職」は存在していると私は思うのです。まさに天職への鍵《かぎ》は、それぞれの「ボランティアのはたらき」「サークル活動」「職場での人間関係」「家庭の調和」――にあるのではないでしょうか。

人生をかける仕事――。誰もがそれを見出せると私は信じます。見出していただかなければならないと思います。

それは、職業ではなくても、あなたが実質的に人生の時を費やしてきたこと、そしてこれから費やそうとしていることに秘《ひ》められています。それは、あなたの心の奥に疼《うず》いていた願いを明らかにする、人生が与える魂《たましい》の仕事なのです。

《付録》自己診断チャート――あなたの「受発色《じゅはつしき》の回路」を知るために

私たちは、どの受発色の回路を持っているのでしょうか。本文を読まれた読者は、日頃の自《みずか》らの受発色を顧《かえり》みながら、おおよその見当がついたという方も少なくないでしょう。一方で、どのゾーンもすべて当てはまってしまうという人、あるいは、なかなか自分に当てはまる受発色の回路が見つからないという人もいるかもしれません。いずれにしても、自分の内に、「四つの受発色の回路」のいずれの傾向《けいこう》が存在しているのかを的確に摑《つか》むことは、大変重要です。そのための手がかりとして、次の自己診断チャートに取り組んでみて下さい。

まず、以下の項目の中から、自分によく当てはまると思う項目をチェックして下さい。

①人から苦言《くげん》を呈《てい》され、それが理不尽《りふじん》であると感じると、怒ったり、開き直ったりする癖《くせ》がある。

②自分の人生は「それなりのものである」と胸を張れる。

③何かあると、すぐに落ち込んでしまう。

④問題がないことが重要であり、無風であることが平和である。
⑤自分の人生を振り返ると、失意の念に苛《さいな》まれる。
⑥自分がやりたいようにやりたい。
⑦父や母に対して許せない想いがある。
⑧自分の人生を振り返って、「とりあえず平和な人生だった」と思う。
⑨自分は「やり手」であると思う。
⑩人から「ボーッとしている」と言われることがある。
⑪すぐに理不尽《りふじん》な気持ち（被害者意識）に襲《おそ》われる。
⑫「人から何か言われるのではないか」といつもびくびくしている。
⑬「自分は温厚《おんこう》な性格である」と思っている。
⑭失敗することが怖《こわ》いので、逃げてしまうことが多い。
⑮自分の立場が上がったり、世間に認められたりすることに、強い手応《てごた》えと充実を感じてきた。
⑯「どうせ人間には表と裏がある」という気持ちが強い。
⑰人から「怖い」とよく言われる。

⑱「自分にさせてくれればもっとできるのに」とよく思う。
⑲「一生懸命ならば、できなくても仕方がない」と思う。
⑳人から嫌《きら》われることが嫌《いや》なので、率直に意見することができない。
㉑人に負けるのは絶対に嫌である。
㉒人生を振り返ってどうしても許せない人がいる。
㉓いつも自分を守ってくれる人がいた。
㉔「自分はどうしようもない」と自己否定してしまう。
㉕「どうせできない。自分なんか」と、最初からあきらめてしまうことが多い。
㉖何かを実現することよりも、皆が「和気《わき》あいあいとして楽しいこと」が重要である。
㉗歴史上の人物（英雄、天才、奇才……）にあこがれる。
㉘「怒り」がたやすく態度に現れてしまう。
㉙いつも自分中心でないと気持ちが悪い。
㉚「屈《くっ》しないことが強いことである」と思う。
㉛「自分にはそれほど強い執《と》われがない」と思っている。
㉜「迷惑《めいわく》をかけるくらいなら、何もしない方がましである」と思う。

次に、次頁の線表のシート（a）を使って、結果を集計してみましょう。まず、横線に従って、自分がチェックした項目のボックスに印をつけます。次に、縦線に従って、印がつけられたボックスの数を集計し、AからDの欄《らん》にその合計を記入します。

最後に、その結果をその次の頁の集計シート（b）に書き入れます。七点〜八点には◎、五点〜六点には○、三点〜四点には△、二点以下は空白として下さい。

点数が高くなるにつれてその傾向が顕著《けんちょ》であると考えられます。○は強い傾向、◎はより強い傾向と受けとめる必要があります。あなたには、「四つの受発色の回路」のいずれが強く現れているでしょうか。

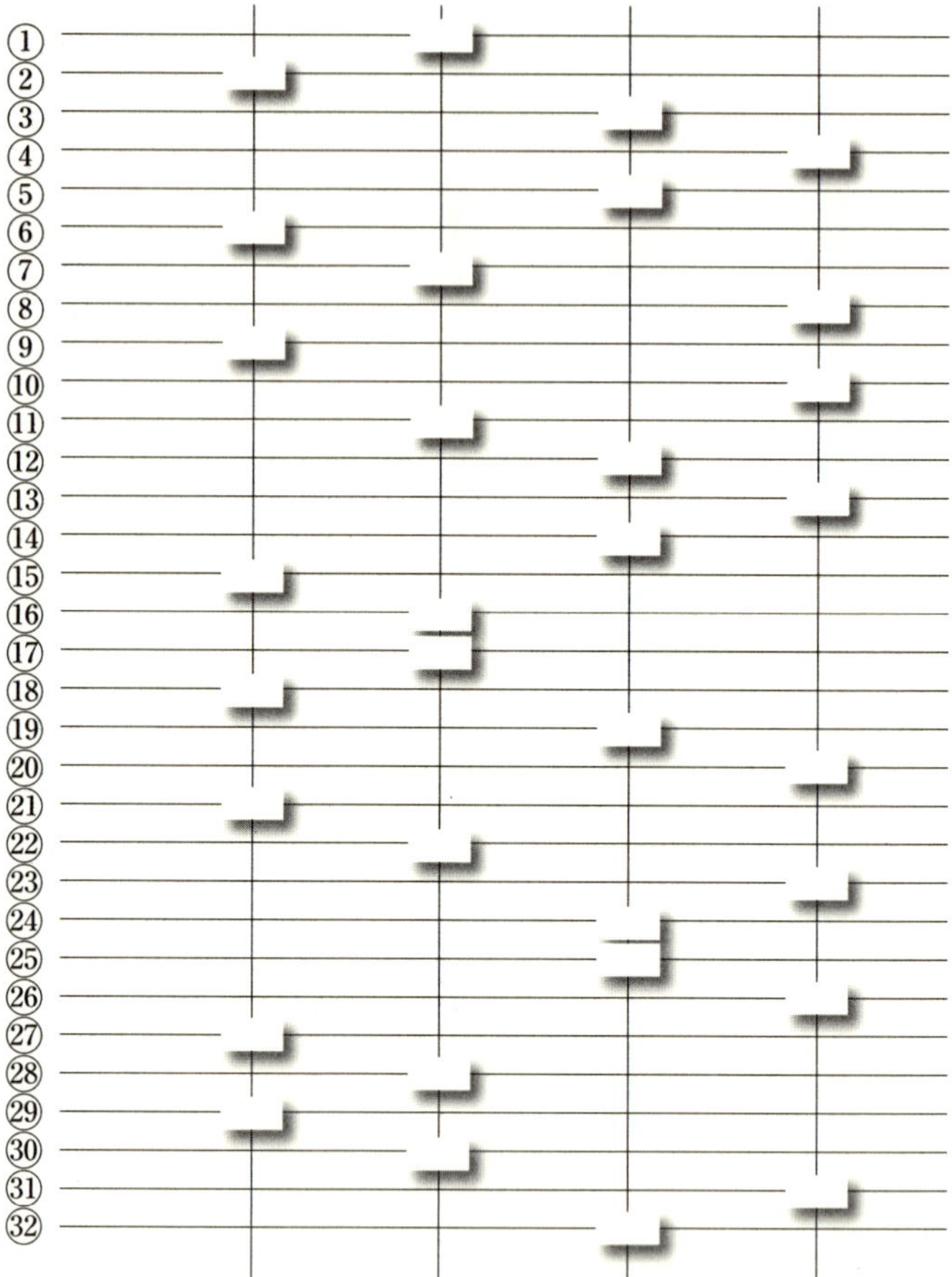

A	B	C	D

自己診断チャート集計シート(a)

A	自信家	
B	被害者	
C	卑下者	
D	幸福者	

7～8…◎
5～6…○
3～4…△
0～2…空白

自己診断チャート集計シート（b）

著者プロフィール
高橋佳子（たかはし けいこ） 1956年、東京生まれ。
幼少の頃より、「人は何のために生まれてきたのか」「人はどこから来てどこへ行くのか」「宇宙と人間にはどのような関わりがあるのか」……等々、人間・人生・宇宙に関わる疑問探究を重ねる。数千名の方々との対話を実践する中で新たな人間と世界の法則をTL（トータルライフ）人間学として集成。心と現実、自らと世界を統一して変革する内外合一の道を提示する。現在、精力的な執筆・講演活動に加え、TL経営研修機構・TL医療研究会・TL教育研究会をはじめ、科学・法律・芸術・演劇等、各分野の専門家を指導。1977年より主宰するGLAでは、内と外をつなぐ問題解決と創造の方法によって現実を変革するTL人間学実践者が、青少年から熟年に至るまであらゆる世代にわたって多数輩出している。講演・講義は年間百回に及ぶ。著書の愛読者を対象に1992年より全国各地で開催されている講演会（TL人間学講座）は、これまでに延べ30万人が受講している。著書は、『「私が変わります」宣言』『新しい力』『祈りのみち』を始め、TL人間学の基本理論と実践を著した『ディスカバリー』『希望の原理』『グランドチャレンジ』、さらには教育実践の書『レボリューション』『心のマジカルパワー』など多数（いずれも三宝出版刊）。『心の原点』『人間釈迦』などの著書で知られる高橋信次氏は著者の尊父。

人生で一番知りたかったこと
ビッグクロスの時代へ

2003年5月8日　初版第一刷発行
2003年5月16日　初版第二刷発行

著　者　高橋佳子
発行者　高橋一栄
発行所　三宝出版株式会社
〒130-0001　東京都墨田区吾妻橋1-17-4
電話　03-3829-1020
http://www.sampoh.co.jp/
印刷所　株式会社アクティブ

ISBN4-87928-041-0

装幀・表紙写真　今井宏明・三宅正志

写真提供　PPS通信社・GINGA PRESS